Os cinco desejos

Gay Hendricks

OS CINCO DESEJOS

SEXTANTE

Título original: *Five Wishes*

Tradução
Marilena Moraes

Preparo de originais
Regina da Veiga Pereira

Revisão
Ana Grillo, Sheila Til e Tereza da Rocha

Projeto gráfico e diagramação
Ilustrarte Design e Produção Editorial

Capa
Miriam Lerner

Pré-impressão
ô de casa

Impressão e acabamento
Lis Gráfica e Editora Ltda.

CIP-BRASIL. CATALOGAÇÃO-NA-FONTE
SINDICATO NACIONAL DOS EDITORES DE LIVROS, RJ

H435c Hendricks, Gay
Os cinco desejos / Gay Hendricks [tradução de Marilena Moraes]. – Rio de Janeiro: Sextante, 2008.

Tradução de: Five wishes
ISBN 978-85-7542-438-4

1. Sucesso. 2. Metas (Psicologia). 3. Auto-realização (Psicologia). 4. Vida. I. Título.

08-3963 CDD 158.1
CDU 159.947

Rua Voluntários da Pátria, 45 – Gr. 1.404 – Botafogo
22270-000 – Rio de Janeiro – RJ
Te.: (21) 2286-9944 – Fax: (21) 2286-9244
E-mail: atendimento@esextante.com.br
www.sextante.com.br

Para Katie
– nós sonhamos e desejamos,
e tudo se tornou realidade.

SUMÁRIO

PREFÁCIO

Este pequeno livro oferece a você dois grandes presentes: uma história incrível e uma nova maneira de acelerar a manifestação concreta de seus objetivos e sonhos. Como história, é emocionante, engraçada e aquece o coração. Como guia para tornar seus sonhos realidade, traz uma poderosa descoberta que, garanto, vai fazer uma enorme diferença na sua vida.

Conheci a história de *Os cinco desejos* durante um longo jantar em um cruzeiro marítimo. Gay e eu estávamos próximos, numa mesa de oito pessoas no Spiritual Cinema Festival-at-Sea, o festival de cinema com temática espiritual. Era uma ocasião especial, porque seria apresentada a versão completa do filme realizado a partir dos meus livros da série *Conversando com Deus.*

Embora um conhecesse o trabalho do outro, Gay e eu não tínhamos muito contato pessoal, mas logo percebemos uma grande afinidade. Durante o jantar, conversamos sobre fatos marcantes de nossas vidas. Quando ele acabou de contar a história que você vai ler a seguir, perguntei: "Você escreveu um livro sobre esse assunto?"

Felizmente ele escreveu, e você pode agora conhecer a história e utilizar as poderosas ferramentas que ela ensina para transformar seus sonhos em realidade. Se ao mesmo tempo você quer ler uma linda história, este é o livro certo.

NEALE DONALD WALSCH
– autor de *Conversando com Deus*

INTRODUÇÃO

A conversa que mudou minha vida

Era uma vez...

Recebi um grande presente sob a forma de uma conversa que mudou minha vida. Ela acionou um poder escondido em mim e revelou o caminho para o meu destino. Descobri, então, um processo simples para aumentar esse poder a cada dia que passa. O poder e o processo permitiram que meus sonhos se tornassem realidade.

Quero agora compartilhar esse presente precioso com você.

Minha intenção é lhe proporcionar total acesso a esse poder curativo. Vou mostrar o método e ensinar como usá-lo para que seus sonhos se tornem realidade. Quando recebi o presente, compreendi que deveria compartilhá-lo com outras pessoas. Agora eu o dou a você, fazendo o mesmo pedido: use-o para acelerar a manifestação dos seus desejos e sonhos. E depois passe-o adiante para que outras pessoas possam, por meio dele, atingir o que mais desejam.

Mas antes quero contar a história que, como muitas outras, começou numa noite escura de tempestade...

Chovia. Era novembro, no início dos anos 1980, e eu estava me vestindo para uma festa, sem nenhuma vontade de ir. Preferia ficar em casa, em frente à lareira, lendo um bom livro e tomando um chá bem quente. A idéia de passar as horas seguintes envolvido em conversas superficiais me parecia tão atraente quanto uma visita a um estúdio de tatuagem.

Nunca fui muito de festas. Eu me sinto sugado num ambiente em que se desperdiça energia e se joga conversa fora. Mas havia um outro motivo para não querer ir àquela festa em particular. Era o noivado de um amigo, Max, que já tinha se casado diversas vezes. Ele era terapeuta, se apaixonara novamente e embarcava na quinta aventura matrimonial. Durante um almoço, Max tinha dito a um grupo de amigos que aquela era "a mulher dos seus sonhos". Éramos todos terapeutas, e já tínhamos ouvido esse tipo de declaração vinda de nossos clientes. O problema é que Max já dissera a mesma coisa a respeito de diversas outras mulheres. Cada uma era "a mulher dos seus sonhos", até lhe fazer a primeira crítica ou discordar dele. Quando isso acontecia, o sonho se transformava em uma discussão áspera. Normalmente a convivência com a mulher sonhada durava cerca de um ano ou dois. Era difícil ter vontade de celebrar uma nova aventura que eu já antevia como um inevitável fracasso.

E ainda havia a minha própria vida. Estava no início de meu relacionamento com Kathlyn. Embora me sentisse profundamente atraído por ela, já começava a ver os sintomas do final da nossa história. Era o mesmo processo de sempre: o medo de assumir um compromisso me enchia de dúvidas e me fazia procurar defeitos em Kathlyn.

Ela morava há pouco tempo na cidade e queria ir à festa para conhecer pessoas. Eu concordara em levá-la para não enfrentar seu desagrado. Este era um outro padrão do meu comportamento: fazer alguma coisa que eu não queria para evitar o desprazer do desapontamento ou da raiva do outro. Resolvi então ceder e cumprir minha obrigação. Pus a roupa, me armei com um sorriso e saí para uma festa – e uma conversa – que iriam mudar minha vida para sempre.

Fazia mais ou menos uma hora que estávamos na festa, e eu conversava formalmente com os convidados. Tinha acabado de desistir de tentar ser afável quando fui apresentado a Ed. Ele parecia tão impaciente e entediado quanto eu. Comentei o fato com ele e adorei sua resposta: "Detesto festas – não agüento essas conversas superficiais."

Confessei me sentir da mesma maneira. Ele contou que tinha ido à festa por ter prometido comparecer.

Ali estava uma pessoa com quem eu poderia me relacionar!

Ele me disse:

– Já que estamos aqui e não gostamos desse tipo de conversa, vamos fazer algo diferente.

– Combinado! – respondi, sem me dar conta da importância do que estava por vir.

Ed era um homem alto. Inclinou a cabeça e perguntou:

– Vamos então ter uma conversa séria?

Pensei por um momento e concordei, deixando-o iniciar o diálogo.

Ele fechou os olhos e fez uma pausa.

– Uma vez, quase morri – disse.

Fez-se um silêncio. Como ele ficou calado, perguntei:

– Como foi?

– Na hora fiquei com medo, mas agora acho que foi a melhor coisa que podia ter me acontecido.

– Como assim? – perguntei.

– Porque essa experiência me deu de presente uma pergunta... uma pergunta com a qual tenho vivido e que me fez crescer – respondeu.

– Que pergunta?

– Tem certeza de que quer saber? Ela pode mudar a sua vida como mudou a minha. – Ele sorriu.

Àquela altura eu estava completamente envolvido e os sons da festa tinham-se transformado num rumor vago e distante.

– Quero saber, sim. Eu também gostaria de mudar um pouco minha vida – afirmei.

Ele acenou com a cabeça e continuou:

– Tudo bem. Vou lhe contar. Primeiro, imagine que você está no seu leito de morte, hoje ou daqui a 50 anos.

Eu nunca tinha imaginado essa cena e levei alguns minutos para visualizá-la. Finalmente consegui.

– Estou ao lado da cama e lhe pergunto, fitando-o nos olhos: "Deu tudo certo na sua vida?" – disse Ed.

Fez uma pausa enquanto eu registrava a pergunta. Com um gesto, pedi que prosseguisse.

– Você pode responder que sua vida foi totalmente bem-sucedida ou pode dizer que não foi – ele continuou.

Eu estava intrigado com o rumo da conversa.

Ele foi adiante:

– Se você dissesse que sua vida não tinha sido totalmente bem-sucedida, haveria de ter razões para isso. Por exemplo, Paul Getty, que foi em determinado momento o homem mais rico do mundo, disse no leito de morte que abriria mão de toda a sua fortuna por uma única experiência feliz de casamento. Se ele pudesse exprimir um último desejo, teria sido esse.

Embora estivesse fascinado pelas palavras de Ed, eu também sentia certa ansiedade. O que aquilo tudo tinha a ver comigo?

Ele prosseguiu:

– Se você me dissesse, no leito de morte, que sua vida não tinha sido bem-sucedida, que coisas gostaria que tivessem acontecido para que ela fosse bem-sucedida?

Minha cabeça deu um nó. Que pergunta!

– Antes de eu tentar responder a isso, Ed, quero saber uma coisa. Quem é você, afinal? – indaguei.

Ed riu. Pelo jeito, eu era a única pessoa na festa que não sabia quem era Ed Steinbrecher, professor de espiritualismo e astrólogo famoso, o favorito de muitas pessoas de destaque no mundo do entretenimento. Ele fora convidado por ser professor e astrólogo da noiva.

O incrível é que ele chegou à minha vida na hora certa e tocou direto num problema que eu precisava encarar: o que estava realmente fazendo neste planeta? Qual era o meu propósito de vida? Qual seria minha missão?

Eu me sentia ao mesmo tempo ansioso e um pouco aliviado. Era como se tivessem me permitido atingir um nível de mim mesmo que eu, sozinho, não conseguia.

– É uma pergunta importante – falei. – Vou pensar a respeito e depois conversamos.

Ed sacudiu a cabeça, impaciente:

– Quanto mais difícil a pergunta, mais importante é responder imediatamente. Este momento basta. É o único que temos.

Senti uma outra onda de alívio. Ele ficou esperando, sem me deixar escapar. Imediatamente fechei os olhos e respirei fundo. Dentro de mim, busquei as respostas a essa pergunta, e de repente elas apareceram como se estivessem apenas esperando que eu as apanhasse. Comecei a falar.

– A primeira coisa que tornaria a minha vida bem-sucedida seria um relacionamento amoroso duradouro.

Ed me cortou, balançando a cabeça:

– Veja a situação da perspectiva do leito de morte. Use o verbo no passado e parta do princípio de que sua vida não foi bem-sucedida.

Tentei mais uma vez.

★

Minha vida não foi totalmente bem-sucedida porque jamais desfrutei um casamento longo e feliz com uma mulher que eu adorasse e que sentisse o mesmo por mim. Gostaria de ter construído uma vida cheia de paixão e criatividade com uma mulher.

★

Ed aprovou:

– Ótimo. Agora diga por que isso é importante para você.

Embora nunca tivesse conscientemente pensado no assunto, achei fácil dizer as razões. Alguma coisa em Ed tornava isso natural. Apresentei os motivos: primeiro, ter esse tipo de relacionamento me daria a oportunidade de vivenciar alguma coisa que eu não conhecia, pois certamente não havia casos assim na minha família. Em segundo lugar, desfrutar um amor duradouro significaria ter um cotidiano rico e alegre. Em terceiro, eu tinha mestrado e doutorado em psicologia e aconselhara milhares de pessoas em seus problemas e preocupações. Para que tanto treinamento e prática se eu não conseguia manter um relacionamento amoroso genuíno e duradouro?

Ed, com um gesto, mostrou que compreendia, e disse:

– Tudo bem; agora transforme seu desejo em um objetivo. Use o verbo no presente, como se estivesse acontecendo agora.

Rearrumei as palavras mentalmente.

★

Minha vida é totalmente bem-sucedida porque desfruto um casamento longo e feliz com a mulher que eu adoro e que sente o mesmo por mim. Tenho uma vida cheia de paixão e criatividade com ela.

★

Repeti as palavras em voz alta. Ed ouviu com atenção e perguntou:

– É uma das coisas que deseja?

– É, sim – respondi.

– E você quer se comprometer de corpo e alma com esse desejo?

Imediatamente tive uma enorme sensação de medo. Apesar disso, afirmei que sim. Foi incrível, pois, assim que falei, o medo desapareceu.

Meu corpo todo se iluminou como se sorrisse internamente. Não tinha a menor certeza de poder atingir aquela meta, mas sabia que morreria insatisfeito se não me comprometesse de corpo e alma com a busca. Tornar claro esse objetivo e ver a importância dele na minha vida despertou em mim uma explosão de energia até então desconhecida.

Ed continuou:

– Tudo bem. Agora volte para seu leito de morte. Se sua vida não tivesse sido bem-sucedida, qual seria a segunda coisa que você gostaria que tivesse acontecido para torná-la bem-sucedida?

Eu soube imediatamente o que era:

★

Desejaria ter dito tudo o que jamais consegui dizer aos meus amigos e à minha família. Gostaria de ter confessado alguns segredos que guardei. Gostaria de ter contado a algumas pessoas quanto gostava delas, quanto as admirava. Gostaria de ter mostrado à minha filha como me senti mal por quebrar promessas que lhe fiz.

★

Ed resumiu:

– Você gostaria de ter falado coisas significativas para pessoas de quem gostava e com quem se importava.

Acenei que sim, perturbado pelo peso de todas as falhas de comunicação que passaram pela minha cabeça. Era como se estivesse sempre evitando dizer coisas que precisavam ser faladas. Eu me dei conta de que o mesmo acontecia na minha família. Éramos mestres nas falhas de comunicação.

Ed notou meu olhar perdido e me tirou daquele estado dizendo:

– Não fique se culpando. Perceba a situação e vá em frente. Quando você vê um acidente na estrada, não precisa parar e olhar.

Entendi a mensagem e tudo ficou mais claro.

– Transforme esse desejo em um objetivo. Use o verbo no tempo presente – ele disse.

★

Minha vida é totalmente bem-sucedida porque vivo em estado de completude com todos os meus amigos e com a minha família. Digo tudo de importante que deve ser dito e faço tudo de importante que deve ser feito. Nunca deixo de dizer ou fazer nada do que é significativo.

★

– Por que isso é importante para você? – Ed perguntou.

Eu lhe disse que podia sentir o peso e a pressão dentro de mim por causa das falhas em relação aos amigos, à família e às pessoas de quem me afastei. Muitas palavras ficaram por ser ditas. Promessas foram quebradas, e havia muito a consertar. Eu podia pressentir a paz e a clareza que viriam quando eu expressasse tudo o que não falara e concluísse o que deixara incompleto. Naquele exato momento, não tinha idéia de como resolver essas questões, mas sabia que era necessário tentar.

Ed pediu que eu me comprometesse com o objetivo. Ao fazê-lo, voltei a experimentar uma sensação de energia e leveza, como se todas as células do meu corpo estivessem sorrindo naquele momento.

Ele me perguntou qual era o terceiro desejo no meu leito de morte.

Eu estava começando a pegar o jeito, e disse:

★

Gostaria de ter registrado por escrito tudo de importante que aprendi durante meu tempo na Terra.

★

Eu tinha escolhido ser professor e escritor, mas na época do encontro com Ed sentia que não estava ensinando ou escrevendo a respeito de questões essenciais para mim. Ainda procedia como um pesquisador, observando as coisas à distância, sem me envolver, mas havia em mim um movimento que me compelia a fazer pesquisas mais pessoais. Por exemplo, ninguém ainda tinha explorado o mundo interno dos sentimentos de uma perspectiva científica e pessoal. Queria documentar minhas experiências de aprendizado para que outras pessoas interessadas se beneficiassem delas. Além disso, me entusiasmava a idéia de escrever sobre questões que realmente me importavam. Sabia que morreria insatisfeito se não fizesse uma viagem para dentro de mim mesmo, indo aos limites da minha habilidade criativa.

– Ótimo – disse Ed. – Transforme esse desejo em um objetivo a ser atingido imediatamente.

★

Minha vida é bem-sucedida porque escrevo sobre aquilo que é sagrado para mim. Registro tudo de importante que aprendo.

★

À medida que falávamos, fui sendo inundado por uma grande onda de felicidade. Ed também ria de orelha a orelha. Um pequeno grupo de convidados ficou à nossa volta, aparentemente atraído pela energia da conversa.

– Qual o seu desejo número quatro? – Ed perguntou.

Agora eu já me sentia no fluxo certo. Bastou abrir a boca para as palavras saírem.

★

Gostaria de ter desenvolvido uma compreensão de Deus e da divindade – uma compreensão que eu pudesse sentir em meu corpo, que não fosse meramente racional.

★

– Ótimo – ele disse. – Esse também foi um dos meus desejos no leito de morte. Transforme-o em um objetivo.

★

Sinto a presença de Deus o tempo todo, em qualquer lugar. Sei o que é o divino e como o Universo foi criado.

★

Ed concordou, como se fosse o pedido mais comum do mundo, e me perguntou por que esse objetivo era importante. Expliquei que, desde a infância, as discussões intelectualizadas sobre religião me incomodavam. Acho que de certa forma eu intuía o poder destrutivo de crenças que geram conflitos e a inutilidade de conceitos que não passam pela experiência.

Ed perguntou se havia um quinto pedido. Havia.

★

Minha vida não foi totalmente bem-sucedida porque passei correndo por ela. Jamais parei para saborear os momentos preciosos ao longo do caminho.

★

– Lindo – disse Ed. – Agora transforme o pedido em um objetivo.

★

Minha vida é bem-sucedida porque saboreio cada momento ao longo do caminho.

★

Ficou absolutamente claro para mim que eu queria aproveitar cada passo da jornada. Ao longo da vida, conheci muitas pessoas que não estavam vivendo bem. O tempo passava e elas se deixavam levar de qualquer maneira, em estado de desespero. Outras pareciam sofrer o tempo todo, e muitas criavam o próprio sofrimento. Eu não queria nada disso.

Não sabia ainda exatamente qual era o significado da vida, mas estava certo de que não era "Nasça, viva mal e depois morra".

– Como você encara seus desejos e a forma de atingi-los? – Ed perguntou.

Respondi que naquele exato momento minha lista era apenas um monte de boas idéias.

Ele concordou:

– Era onde eu estava quando comecei.

Pedi que ele me falasse um pouco mais sobre sua experiência à beira da morte. Ed disse que, enquanto estava sem saber se iria viver ou morrer, descobriu-se desejando ter feito certas coisas que teriam dado mais sentido à sua vida. De repente percebeu que seu nível de expectativa estava muito baixo, pois queria apenas ter uma vida com algum significado. Por que não desejar uma vida maravilhosa, cheia de realizações? Prometeu a si mesmo e a Deus que, se tivesse a sorte de sobreviver, investiria toda a sua energia em atingir objetivos maiores.

Quando recuperou a saúde, decidiu realizar os objetivos.

– É por isso que, sempre que posso, peço às pessoas que parecem estar em busca de algo que imaginem quais seriam seus objetivos no leito de morte – ele disse.

Nós nos olhamos em silêncio por um instante. Ed sorriu, despediu-se de mim e dirigiu-se para a porta.

Eu o chamei.

– Espere. Você tem mais algum conselho?

– Mãos à obra – ele disse, com uma piscadela.

Segui o conselho e comecei a trabalhar para valer.

Nas páginas seguintes, vou contar como tudo aconteceu. Nos cinco primeiros capítulos, falarei de cada um dos meus desejos e dos desafios que enfrentei para que se tornassem realidade. Entre o primeiro e o segundo capítulo está uma poderosa lição que aprendi, uma sábia lição que vem me permitindo, nos últimos 20 anos, fazer cada dia da minha vida ser melhor do que o anterior. No último capítulo você vai encontrar um guia que lhe ensinará, passo a passo, como realizar seus desejos. Ele inclui um formulário para você registrar seus desejos e perceber por que eles são importantes. Você vai descobrir o que o está impedindo de alcançá-los e aprender como fazer planos para torná-los reais. Agora me acompanhe na jornada de amor iniciada com meu primeiro desejo.

CAPÍTULO UM

MEU PRIMEIRO DESEJO

Amor duradouro

Você se lembra do primeiro desejo que expressei no meu leito de morte?

★

Gostaria de desfrutar um casamento longo e feliz com uma mulher que eu adorasse e que sentisse o mesmo por mim.

★

POR QUE TENHO ESSE DESEJO

No momento em que falei sobre meu maior desejo, nada provava que ele fosse possível. Eu não conhecia ninguém que tivesse um casamento assim. Apesar disso, havia algo dentro de mim dizendo que essa relação podia existir. Estava começando a aprofundar meu envolvimento com Kathlyn, uma mulher dotada de um enorme coração e uma mente clara. Pela primeira vez eu conhecia alguém que reunia todas as qualidades que eu mais desejava em uma mulher. Eu a sentia como uma verdadeira dádiva, mas percebia que corria o risco de desperdiçá-la da mesma maneira como tinha estragado todos os meus relacionamentos anteriores: com indecisão, falta de comprometimento e total incapacidade de me afastar de outras mulheres.

Na adolescência, meu primeiro amor foi Alice, mas a paixão por ela não me impediu de traí-la com Kathy e com Joyce. Depois me casei com Linda e, muito antes de nos separarmos, eu já saía com Barbara e com Jane. Depois veio Carol, que passou cinco anos reclamando da minha falta de compromisso. Cansei de lhe dizer que estava errada, ao mesmo tempo que saía com Nancy, Donna, Barbara e muitas outras cujos nomes esqueci. Quando Kathlyn surgiu, me oferecendo tudo com que eu tinha sonhado, retribuí saindo com Lynne.

Ali estava eu, com um pé no relacionamento com Kathlyn e o outro pronto para escapar pela porta dos fundos. Assim que formulei meu primeiro desejo, senti uma grande ebulição interna e me perguntei, pela primeira vez, por que insistia em me dividir, fingindo estar em um lugar quando me encontrava em outro.

Até então, eu nunca tinha me dado conta de que aquele era um comportamento recorrente. Pensava que a vida era assim mesmo. De repente, percebi que aquilo não era um problema – era *o* problema.

Por falta de consciência, somos capazes de ignorar os padrões de comportamento. Mas, além de manter o meu, criei uma justificativa para reforçá-lo. Eu fazia discursos sobre a monogamia, dizendo que se tratava de um sistema para idiotas domesticados, e não para rebeldes indisciplinados e livres como eu!

De repente todo esse discurso pareceu vazio e falso. Comecei a suspeitar de que ele fazia parte de uma fachada defensiva construída cuidadosamente para me impedir de alcançar um potencial que eu desejava muito. Então me perguntei: se eram minhas crenças que causavam o problema, de onde tinham vindo? Num segundo a resposta se tornou clara.

Eu tinha começado a vida daquela maneira – tinha literalmente nascido mergulhado no padrão.

Meu pai morreu logo depois que fui concebido. Quando nasci, minha mãe era uma viúva chorosa e uma mãe solitária e desempregada. Em total desespero, me entregou à minha avó, que me adorava e cuidou de mim. Ela criara quatro filhas e sempre quisera ter um filho. Aos 65 anos, finalmente conseguiu. Mas então minha mãe, acometida pela culpa e impelida pelo sentimento maternal, me quis de volta. Fui morar com ela que, no entanto, logo mudou de idéia e me devolveu à minha avó. Nos sete anos seguintes, fiquei pulando de uma casa para a outra.

Era minha avó que eu considerava como mãe. Minha mãe biológica era uma pessoa que eu visitava de vez em quando. Como as duas moravam na mesma rua, se as coisas ficavam difíceis com minha mãe – o que acontecia freqüentemente –, eu escapava para o conforto e calor da presença amorosa de minha avó. Se pudesse escolher, provavelmente nunca teria passado uma só noite na casa de minha mãe. Finalmente, ela insistiu que eu me mudasse para sua casa. Aos poucos, fui passando cada vez menos tempo na casa de minha avó. Por isso a idéia de viver com uma única mulher me parecia uma prisão.

O padrão era óbvio, e eu fiquei pasmo por não tê-lo percebido muitos anos antes. Senti um misto de alívio e vergonha por ter levado tanto tempo para me dar conta disso.

COMO MEU DESEJO SE TORNOU REALIDADE

★

Estou desfrutando um casamento longo e feliz com uma mulher que eu adoro e que sente o mesmo por mim.

★

Eu me lembro do exato momento em que descobri que o jogo tinha terminado – e que eu não ia passar o resto da vida repetindo um padrão baseado em uma crença destrutiva criada na infância.

Pouco tempo depois de saber quais eram os meus cinco desejos, visitei um amigo e mentor, Dwight Webb, em New Hampshire. Kathlyn estava no Colorado, onde morávamos na época. Um dia, saí da casa de Dwight para dar uma volta. De repente, lampejou dentro de mim uma certeza: só havia uma maneira de descobrir se eu era capaz de criar o tipo de relacionamento que realmente desejava. Era preciso me comprometer profundamente! E isso tinha de ser uma escolha, mesmo enfrentando o risco de, em algum momento do processo, eu desistir quando me deparasse com grandes obstáculos para atingir meu objetivo. Meu comprometimento deveria ser forte e poderoso o suficiente para que eu ultrapassasse as barreiras que só iria conhecer – e este era o maior problema – quando me comprometesse.

Imediatamente fiz uma escolha e tomei uma decisão. Liguei para Kathlyn e expliquei o que acabara de acontecer. Disse a ela que tinha percebido que só teria o relacionamento dos meus sonhos quando me comprometesse por inteiro.

– Quero me comprometer com você e criar um relacionamento apaixonado e criativo para a vida toda. Você também quer? – perguntei.

Por um momento houve silêncio. Depois o som de seus soluços chegou-me pelo telefone, e ela finalmente disse "sim".

Senti um largo sorriso se estender por todo o corpo. Continuei:

– Que maravilha! Fico feliz. Eu me comprometo a criar esse relacionamento com você e a enfrentar qualquer obstáculo que apareça: desejo por outras mulheres, medo, desespero, qualquer coisa que possa nos afastar. Prometo não desistir até criarmos o relacionamento dos nossos sonhos. Se isso não acontecer, vamos desistir da busca.

– Eu faço a mesma promessa – disse Kathlyn.

Essa conversa aconteceu há mais de 25 anos, e a relação com que sonhei tornou-se realidade. Na verdade, a realização dos meus sonhos foi muito além do que eu imaginava. Ao longo do caminho, Kathlyn e eu criamos dois filhos, agora adultos, escrevemos juntos 10 livros, viajamos bastante ministrando seminários sobre relacionamentos e comparecemos a centenas de programas, como o de Oprah Winfrey. Passamos por tempos difíceis e por situações maravilhosas.

Agora, quando as pessoas me perguntam se é possível um amor duradouro, olho-as dentro dos olhos e afirmo que sim. Sei que é possível. Procuro dar não apenas esperança e coragem, mas uma visão realista do caminho – sei perfeitamente a atenção que é necessária e o comprometimento profundo que essa jornada exige.

E posso dizer a todos que cada minuto dessa atenção e desse cuidado vale a pena. Como lhes falei, sinto a recompensa da busca: o brilho do amor e a serenidade do coração em harmonia com ele mesmo.

INTERLÚDIO

E aconteceu um milagre

Um milagre aconteceu pouco depois de eu ter me comprometido com Kathlyn de corpo e alma, e acredito que ele aconteceu graças a esse pacto profundo. À medida que o amor entre nós crescia, percebíamos, cada vez com mais clareza, que o poder do comprometimento traz à superfície medos profundos, velhas feridas e padrões de comportamento que precisam ser mudados para que se possa dar e receber plenamente o amor.

No processo para concretizar meu primeiro desejo, tive de enfrentar uma barreira que parecia intransponível. Ao procurar enfrentá-la, aconteceu um impulso que me proporcionou uma incrível ferramenta de transformação. Em torno dessa ferramenta organizei a minha vida. Quero contar o que aconteceu, para que você possa compreender o que é a ferramenta e utilizá-la.

Quando tive com Ed a conversa que deu início a tudo, fazia uns dois anos que eu enfrentava um problema em relação a uma casa – eu não a queria, mas não conseguia me livrar dela. Na verdade, era uma casa que eu não tinha querido comprar. Carol, com quem eu vivia na época, gostou muito da casa, mas eu a achei feia e cara demais. Finalmente cedi ao desejo de Carol, principalmente porque queria lhe agradar. Naquele tempo, eu acreditava que bens como imóveis eram capazes de tornar as pessoas felizes. Mais tarde, descobri que comprar uma casa que eu não desejava era uma maneira de evitar uma verdade dolorosa escondida em mim: eu não queria mais estar naquele relacionamento. Finalmente terminei com Carol, mas a casa continuou sendo uma fonte de conflito que me consumia. Quando nos separamos, a casa valia o que seriam hoje mais de 100 mil dólares. Eu queria que Carol comprasse a minha parte ou que vendêssemos o imóvel para dividir o ganho. Ela queria morar na casa, mas dispunha de apenas 10 mil dólares.

Um impasse.

Isso se arrastou por um ano. A cada mês eu era obrigado a pagar metade da prestação de uma casa de que não gostava e onde não morava. Fui me sentindo cada vez pior à medida que meu relacionamento com Kathlyn se tornava mais sério. Quando fomos morar juntos, só podíamos bancar um aluguel barato de um apartamento desconfortável. A única pessoa que parecia feliz era Carol: morava em uma casa de que gostava e pagava apenas metade do imóvel! Com o passar do tempo, a satisfação em fazer Carol feliz se transformou em uma inveja amarga.

Eu não estava acostumado a ter amargura e inveja, e esses sentimentos foram me consumindo. Um dia, cheio de raiva, resolvi meditar para aliviar a mente. Foi quando tive uma revelação. Surgiu em minha cabeça a imagem de um rio que corria em volta de uma grande pedra. Essa imagem desencadeou em mim uma poderosa descoberta: o dinheiro, na verdade, é apenas uma forma de energia. Percebi que o desejo de "conseguir aquilo a que tinha direito" era um grande bloco de energia, uma pedra no fluxo do meu rio. Eu ficaria ligado a uma casa que não queria até Carol dispor de 50 mil dólares. Isso estava bloqueando o fluxo da minha energia e, de certa maneira, mantendo minha ligação com Carol.

Uma idéia radical me passou pela cabeça: entregar minha metade da casa a Carol pelo valor que ela pudesse pagar. Achei que esse ato de doação liberaria o fluxo de energia, e que o dinheiro me chegaria de outra forma. Era uma idéia absurda do ponto de vista lógico, mas me parecia tão intuitivamente acertada que decidi arriscar. Quando disse a Kathlyn que estava pensando em desistir da casa, ela chegou a engasgar. Afinal, era meu único imóvel. Mas ela logo compreendeu a idéia de que dinheiro-é-energia e concordou.

Liguei para o advogado de Carol e disse que estava disposto a vender minha parte da casa por 10 mil dólares. Ele se mostrou espantado e cético, mas reiterei minha oferta, afirmando que conseguiria os 40 mil restantes de outra maneira.

Assim que assinamos o acordo, comecei a sentir em minha vida um novo nível de abundância. Surgiu um contrato para um novo livro, além da oferta substancial de um trabalho de longo prazo para (acredite ou não) o Exército americano – para realizar um tipo inovador de consultoria junto a seus profissionais dos programas de tratamento para pessoas com problemas com drogas e álcool. Acabei o ano com muito mais do que os 40 mil dólares de que tinha aberto mão na venda da casa. Melhor ainda, Kathlyn e eu encontramos um ótimo imóvel, exatamente no bairro em que queríamos morar. Tudo também se resolveu para Carol: ela se casou com um homem que adorava a casa.

O mais importante para mim foi receber de presente um milagre que teve conseqüências duradouras na minha vida. Além de compreender como realmente funciona o mundo da energia, também consegui uma poderosa ferramenta para construir meu caminho. Aprendi que qualquer ato significativo que fica incompleto age como uma grande pedra dentro de um rio. A água precisa contorná-la para seguir seu curso. Uma ou duas pedras podem apenas atrapalhar o fluxo, mas, se forem muitas, serão uma barreira para o rio. Em pouco tempo ele irá transbordar e tomar um rumo completamente diferente.

Para fazer o rio retomar seu curso é preciso concluir algo importante que ficou inacabado. Fazer isso, sobretudo se existe uma carga emocional envolvida, é uma forma poderosa de aumentar a abundância de amor, dinheiro, saúde e o que quer que seja importante em sua vida. Você realmente precisa ver e sentir isso para acreditar. É o que vou lhe mostrar a seguir.

CAPÍTULO DOIS

MEU SEGUNDO DESEJO

Completude

Meu segundo desejo era de completude – ligar as muitas pontas soltas na minha vida. Logo descobri uma surpresa mágica: qualquer ato importante de completude libera uma força oculta e é um verdadeiro combustível para manifestar os desejos do coração. Sempre que concluía algo que tinha uma carga emocional eu liberava uma nova onda de energia que aumentava minha velocidade na direção dos objetivos mais almejados.

O dicionário diz que completar é terminar alguma coisa, formando um todo. Aprendi quanto da minha energia e da minha força estavam sendo consumidas por questões que eu deixara incompletas – sem terminar. Descobri quanta energia, leveza e força eu sentia ao completá-las e torná-las – e a mim mesmo – inteiras. Foi assim que formulei inicialmente meu desejo:

★

Desejaria ter dito tudo o que jamais consegui dizer a meus amigos e à minha família. Gostaria de ter confessado alguns segredos que guardei. Gostaria de ter contado a algumas pessoas quanto gostava delas, quanto as admirava. Gostaria de ter mostrado à minha filha como me senti mal por quebrar promessas que lhe fiz.

★

Eis como transformei meu desejo num objetivo:

★

Minha vida é totalmente bem-sucedida porque vivo em estado de completude com todos os meus amigos e com a minha família. Digo tudo de importante que deve ser dito e faço tudo de importante que precisa ser feito. Nunca deixo de dizer ou fazer nada do que é significativo.

★

COMO ERA ANTES

Venho de uma família de refugiados e fugitivos. Jamais tinha pensado claramente nisso até formular o segundo desejo. Eu o escolhi porque sentia a pressão e o peso de muitas coisas de que fugia e que deixara inacabadas ao longo dos anos.

Quando eu era criança, morava perto da via férrea e desejava estar em todos os trens que passavam. Só depois dos 50 anos descobri meu verdadeiro lar – no interior de mim mesmo e no lugar que ocupo no mundo. Antes disso, sempre me senti um viajante – quanto mais rápido eu partisse, melhor.

Quando comecei a relembrar as muitas situações de incompletude na minha vida, percebi que estava reproduzindo os padrões que a família utilizara para construir seu roteiro.

Descobri que meu pai e meu avô materno tinham fugido de casa aos 16 anos. Mais ou menos em 1890, meu avô roubou uma mula da fazenda da família e foi embora em busca de fortuna no novo território da Flórida central. A razão que sempre deu para a fuga é engraçada e esclarecedora. Dizia: "Ser fazendeiro vai matar você ainda jovem ou deixá-lo forte o bastante para viver até ficar bem velho. Morrer jovem ou ter uma longa vida como fazendeiro me parecem a mesma coisa." Daí tirei uma mensagem clara: se você não gosta de algo, caia fora. Deixe tudo sem olhar para trás.

Meu pai fugiu de casa pulando num trem de carga. De acordo com histórias que ouvi de minha mãe, ele tinha crescido em uma família violenta. O pai "levava a Bíblia em uma das mãos e o chicote na outra. Usava um de cada vez". Finalmente, um dia meu pai pegou o trem, pretendendo ir do Alabama para a Flórida, mas foi apanhado e expulso. O mesmo aconteceu mais duas ou três vezes, até que finalmente ele conseguiu emprego como foguista. Na época, os motores a vapor funcionavam com carvão e às vezes com madeira. Sua tarefa, que o deixava em meio ao calor e à sujeira, era observar o fogo e alimentá-lo. Embora jamais tenha conhecido meu pai, vi muitas fotografias dele usando o boné listrado da companhia ferroviária.

Num parentesco mais longínquo, sou descendente de protestantes forçados a fugir pela Europa por causa das perseguições no século XVIII. A uma certa altura, o rei francês Luís XV, católico fervoroso, baixou uma lei tornando legal a perseguição a protestantes. De repente, passou a ser lícito roubar dos protestantes ou bater neles na rua. Essa nova lei trouxe à tona o lado mais cruel dos católicos, e muitas pessoas fugiram para a Inglaterra e para outros pontos do Ocidente.

Meus antepassados europeus migraram para a Inglaterra e para a Escócia, indo depois para os Estados Unidos, fixando-se no Sul. Tiveram sucesso nos negócios, mas acabaram derrotados na guerra civil americana. Perderam terras e bens e foram obrigados a se deslocar novamente, instalando-se na Flórida selvagem no final do século XIX.

Dentro desse roteiro geral, houve muitos dramas menores que envolveram outras fugas. Minhas duas tias fugiram para se casar, tentando escapar da ira de minha avó, que não aprovava os homens que elas amavam. Esses dois casamentos duraram mais de 40 anos, e minha avó acabou reconciliando-se com as filhas, mas continuou se recusando a falar com os genros.

Quando eu tinha 19 anos, meu avô, o ladrão de mula, me deu às escondidas 500 dólares e me disse para cair fora dos pântanos antes que eles me engolissem. Segui seu conselho. Comprei um Ford 58 velho por 175 dólares, rumei para o norte e nunca olhei para trás.

Libertação geográfica é uma coisa, liberdade interna é outra. A fuga para a Nova Inglaterra e depois para a Califórnia mudou o cenário, mas também reforçou meu hábito de não completar ligações emocionais significativas.

Aos trinta e poucos anos, quando tive com Ed a conversa que mudou minha vida, o peso da pilha de ligações incompletas e situações não resolvidas parecia me fazer sucumbir.

COMO É AGORA

Um dia, pouco depois do meu encontro com Ed, fiz uma lista de todas as situações de incompletude de que pude me lembrar. Eu as dividi em categorias:

* Verdades não ditas: questões significativas que escondi de pessoas importantes durante a vida.
* Acordos quebrados: promessas que fiz e não cumpri.
* Pessoas a quem não disse que as admirava e que gostava delas.
* Dinheiro que eu devia.

Gostaria de ter a minha lista original manuscrita, porque estou certo de que havia outras categorias de que não me lembro. A lista tinha 12 páginas quando terminei de escrever tudo o que havia deixado de concluir ao longo da vida.

Era bastante desanimador olhar para a lista, mas logo descobri algo incrível sobre o ato de concluir algo: cada vez que você o faz, surge um novo rompante de energia. Se completa um assunto importante, como admitir uma grande mentira, a liberação de energia parece um renascimento.

Fiquei pasmo ao constatar que nunca ouvira falar sobre isso. Com certeza muitas outras pessoas devem ter-se deparado com a força da completude ao longo da história, mas não encontrei qualquer registro. Acho que essa descoberta devia estar na televisão, receber o prêmio Nobel e ser ensinada em todas as escolas. Mas só vim a descobrir essa força depois dos 30 anos, em um encontro imprevisto com um professor esotérico.

Decidi completar o que não estava concluído, começando pelas questões que me causavam maior resistência. Imaginei que, se enfrentasse primeiro as mais difíceis, seria fácil enfrentar as outras. As mais pesadas eram mentiras e promessas quebradas em relação a diversas mulheres da minha vida, inclusive minha filha e a mãe dela, Linda.

Linda e eu ficamos juntos quatro anos, e provavelmente foram os quatro anos de minha vida em que fui mais inconsciente. Quando a conheci, eu tinha 22 anos, e nos casamos logo, pouco depois da morte da minha avó. Olhando para trás, acho que foi porque me senti totalmente sozinho e sem uma fonte de amor. Lembro-me de ficar sentado no quintal, durante horas, imaginando o que fazer da vida.

Linda apareceu no meu poço estagnado e lamacento de tristeza carregando seu próprio fardo de sentimentos não-digeridos e ali ficamos afundados no pouco tempo que durou o casamento. A única luz que emergiu dessa união foi nossa filha, Amanda. Nós a adorávamos, e ela criou um terreno comum em que concentramos nossa atenção. Mas acabamos nos separando. Linda e Amanda se mudaram para longe, e perdi o contato diário com minha filha. Este foi certamente o fato mais doloroso da minha vida.

Muitas situações de incompletude com Linda e Amanda estavam no topo da minha lista de 12 páginas. Entrei em contato com Linda dizendo que queria vê-la, e atravessei o país de carro para estar com ela e Amanda.

Fazia 10 anos que havíamos nos divorciado, mas quando nos encontramos foi como se o tempo não tivesse passado. Contei para Linda o que eu estava descobrindo e falei da lista de ações incompletas. Ela quis ver a lista, e passamos várias horas revelando segredos, sentimentos e outras pendências da nossa vida em comum. Foi penoso, mas libertador.

Falei como ficara com raiva por ela ter usado Amanda para me punir, proibindo que eu visitasse minha filha quando fazia algo que a aborrecia mas que não tinha nada a ver com a menina. Falei sobre uma única noite em que a traí, justificando-me por ter suspeitado que ela fizera o mesmo comigo. Disse-lhe quanto a admirava por cuidar tão bem de Amanda depois da nossa separação.

Tenho certeza de que falei também de vários outros assuntos naquela ocasião, mas só me lembro desses. É comum me perguntarem como saber quais são as questões que devem ser divididas com alguém. Uso o seguinte critério: se a revelação do fato vai provocar na outra pessoa uma forte reação emocional, é necessário partilhar. Se acho que a pessoa vai ficar zangada, magoada ou feliz ao ouvir a história, é melhor contar.

Saber o que compartilhar com minha filha era mais complicado. Amanda tornara-se uma adolescente cheia de conflitos. A maior parte das minhas situações de incompletude era ligada a ela. Achei que podiam lhe ser úteis naquela fase da vida. Assumi o risco e perguntei se ela queria ter comigo uma conversa de coração aberto. Amanda concordou e fomos para seu restaurante favorito.

Confessei como me sentia culpado por estar longe e não acompanhar de perto seu crescimento. Disse que essa fora a maior promessa que eu já tinha quebrado, mas que, passados 13 anos, isso me doía quase diariamente. Que eu me sentia triste por ter, em muitas ocasiões, expressado raiva dela quando, na verdade, sentia raiva de Linda. Ao falar isso, eu me dei conta de que o mesmo padrão tinha acontecido entre mim e minha mãe. Ela sempre parecia zangada comigo, por razões que jamais pude compreender. Agora eu entendia: a raiva era provocada pelo meu pai, mas ela não sabia como expressar isso. Com certeza tinha raiva dele por ter morrido cedo, deixando-a numa situação desesperadora. É provável que tenha sentido muito medo, pois deve ter sido extremamente difícil para uma viúva pobre tomar conta de um bebê numa área isolada da Flórida nos anos 1940. Fui inundado por uma onda de compaixão e perdão. Num canto do restaurante, Amanda e eu choramos juntos e nos sentimos unidos como nunca.

Duas de minhas situações de incompletude demandaram um trabalho de detetive, mas as recompensas valeram o esforço. Em 1969, pedi emprestado ao meu chefe 160 dólares para pagar umas aulas que me permitiriam terminar o mestrado. Ao completar o curso, tinha a intenção de devolver o dinheiro. Mas nos desentendemos, pedi demissão e aceitei um emprego em outra cidade. Com a desculpa de que ele estava errado e eu certo, não paguei o empréstimo, achando que nada lhe devia. Afinal, ele me deixara furioso. Bem pensado, Gay.

Justificativas mantêm as incompletudes intactas. Nesse caso, levei 15 anos para alterar a situação. Até fazer a minha lista de 12 páginas, tinha me esquecido completamente do incidente. Ao repassar minha vida ano a ano, desencavei da memória a dívida. Só consegui achar meu antigo chefe alguns meses depois. Ele tinha passado por maus pedaços e estava vivendo em um pequeno quarto na Associação Cristã de Moços. Mandei-lhe a quantia acrescida de juros, e imediatamente tive uma sensação de leveza e energia. Ele me escreveu manifestando surpresa e gratidão. Restabelecemos uma relação cordial.

A busca seguinte foi por J. Wallace Hamilton. Isso aconteceu antes dos computadores e da internet. Há pouco tempo procurei pelo Dr. Hamilton no Google e, em menos de um segundo, apareceram centenas de informações a seu respeito. Mas, há quase 30 anos, a busca exigiu telefonemas, cartas e perguntas que finalmente deram resultado quando fiz contato com sua viúva.

J. Wallace Hamilton tinha dado uma palestra inspiradora na igreja metodista que eu freqüentava durante o ensino médio. Eu me sentia muito desencorajado na época, porque não via saída para a vida que levava. Mesmo que conseguisse escapar dos pântanos sufocantes e dos preconceitos rígidos do Sul dos Estados Unidos dos anos 1960, minha perspectiva era acabar num bairro de classe média, com um emprego medíocre, uma mulher certinha e dois ou três filhos.

Quando ouvi a palestra do Dr. Hamilton, foi como se ele falasse diretamente para mim. As mensagens penetraram no meu coração:

* Não aceite menos do que aquilo que você realmente deseja.
* Seja cuidadoso ao aceitar ofertas que lhe dão segurança à custa de sua liberdade de criação. Se trocar a liberdade pela ilusão da segurança, será difícil recuperá-la depois.

* Siga seu coração e sua vida será abençoada com benefícios inesperados.

Fiz comigo mesmo um pacto secreto para seguir esses conselhos que foram maravilhosamente úteis no longo e muitas vezes doloroso caminho da minha carreira. Percebi que jamais agradecera ao Dr. Hamilton, e esta me pareceu uma situação de incompletude.

Depois de certo tempo de busca, finalmente encontrei a viúva do Dr. Hamilton. Escrevi-lhe contando minha história e experimentei a maravilhosa mágica que freqüentemente acompanha o ato de completar ligações emocionais importantes. Ela disse que, quando minha carta chegou, estava se sentindo deprimida, imaginando que sua vida e a do marido não haviam tido qualquer significado. O agradecimento chegou na hora certa.

Não só tive o grande prazer de contar como aquela palestra tinha me ajudado, como também descobri um tesouro que não conhecia. O Dr. Hamilton era autor de diversos livros já esgotados, que a Sra. Hamilton se ofereceu para me enviar. Logo pude ter nas mãos a coletânea da sabedoria de J. Wallace Hamilton, um homem cuja palestra de 20 minutos tinha servido de inspiração para toda a minha vida.

Todas essas experiências me levaram a respeitar o processo de concluir assuntos pendentes. Ele provoca uma sensação muito boa de leveza e alívio. Passei a sentir a paz interior que vem quando se acertam situações importantes de incompletude, além da injeção de ânimo que surge quando se solucionam mesmo pequenas pendências, como dar um telefonema que vinha sendo adiado.

É muito bom nos sentirmos bem, mas há uma força na completude que vai além disso. O que percebi foi que o ato de concluir o que estava incompleto – algo de grande ou pouca importância – nos coloca em harmonia com o Universo. Se digo que vou lhe telefonar, criei uma nova força no Universo, um novo acordo sobre como as coisas serão. Se cumpro minha promessa e telefono, entro em harmonia com essa força. Do contrário, deixo uma ponta solta, um circuito aberto, uma história sem final. Ao não telefonar, comunico alguma coisa que afeta a minha vida e a nossa relação: a minha palavra não tem valor, e você não vale o esforço de eu manter a palavra. Pela minha experiência, cada incompletude desgasta minha energia e atrapalha meu relacionamento com as pessoas. Concluir um assunto restaura minha energia e torna mais leve o ar que circula em meus relacionamentos.

Além disso, cada assunto concluído celebra a nossa conexão com o universo ao nosso redor. O Universo se torna mais amigo, porque também nos tornamos amigos dele. À medida que concluo melhor as situações, tenho a grata surpresa de receber uma recompensa inesperada: meu caminho pelo Universo se torna mais suave e fácil. A vida diária é abençoada por coincidências boas, grandes e pequenas: um amigo me paga um antigo empréstimo havia muito esquecido; vagas para estacionar aparecem; Oprah Winfrey lê um de nossos livros e nos convida para seu programa. Coisas assim aconteceram com freqüência cada vez maior à medida que progredi na arte da completude. Hoje, procuro celebrá-las e tento não achar que são naturais. Eu as vejo como piscadelas amigáveis do Universo. Quando acontecem, agradeço por elas e pisco de volta.

CAPÍTULO TRÊS

MEU TERCEIRO DESEJO

Escrever com o coração

★

Gostaria de ter registrado por escrito tudo de importante que aprendi durante meu tempo na Terra.

★

À primeira vista, meu terceiro desejo pode parecer simples em comparação com os dois primeiros, mas por trás dele há uma grande questão que o torna importante para mim: eu seria capaz de apresentar ao mundo, de forma sincera e honesta, as coisas que *realmente* me apaixonam? Ou iria me esconder atrás da segurança do muro da objetividade acadêmica?

Como professor de psicologia de aconselhamento da Universidade do Colorado, meu trabalho consistia em ensinar a alunos da graduação a arte e a ciência da psicoterapia, além de fazer pesquisa acadêmica na área. Aos poucos comecei a perceber que a terapia era um empreendimento mais espiritual do que científico. Ao explorar em detalhes o mundo interno da emoção e da espiritualidade no processo de cura, não via de que forma as ferramentas-padrão das pesquisas acadêmicas poderiam ser aplicadas.

Estava fazendo descobertas fascinantes que poderiam contribuir para um movimento capaz de revolucionar o campo da psicologia, mas na época não havia precedentes em tal tipo de pesquisa. Temia publicar minhas descobertas, com medo de perder o emprego e acabar sendo deportado para a Sibéria. Gostava do prestígio e do rigor da universidade. Além disso, havia um certo orgulho familiar – meus pais e avós não tinham instrução de nível superior, e a família valorizava muito o fato de eu lecionar numa faculdade. Não queria perder nada disso.

Formular meu terceiro desejo me esclareceu sobre o que fazer. Decidi colocar meus medos de lado e me comprometer de todo o coração com um trabalho que fosse importante para mim. Consegui um contrato com um editor para escrever um livro diferente sobre auto-estima, no qual eu examinaria o assunto de um ângulo pessoal, usando como microscópio apenas a luz de minha própria consciência. Chamava-se *Learning to Love Yourself* (Aprendendo a amar a si mesmo) e, desde o momento em que comecei a escrevê-lo, minha vida mudou radicalmente.

Embora tivesse publicado diversos outros livros, esse foi o primeiro que escrevi com paixão. Coloquei minha alma e meu coração em cada frase. Em vez de escrever de maneira fria, racional e analítica, me atirei no redemoinho de minha própria confusão, minhas ansiedades e alegrias, descrevendo da forma mais íntima possível todos os sentimentos que me assaltavam. Meu único critério era a verdade. Ao final de cada frase, eu me perguntava se aquilo era uma verdade absoluta e incontestável. Se a resposta fosse claramente "sim", passava à frase seguinte. Quando terminei o livro, senti, pela primeira vez na minha carreira, que tinha realizado meu potencial de criação.

O livro mudou minha vida de diversas outras maneiras. Algumas me surpreenderam e me levaram a direções a que eu não estava acostumado. Quando o livro saiu, no início dos anos 1980, recebi uma crítica severa da revista *Psychology Today*. No entanto, por uma agradável ironia, a resenha negativa gerou um resultado maravilhoso.

Um amigo me telefonou, perguntando se eu lera a crítica da revista. Respondi que não, e ele me aconselhou a não ler. É claro que isso despertou minha curiosidade, e saí correndo para comprá-la. No próprio jornaleiro, folheei a edição até achar a matéria. Foi quando tomei conhecimento da dor e do sofrimento que impus a R.D. Rosen, o autor da resenha.

Rosen não só tinha odiado o livro (como odiava em geral o gênero auto-ajuda que estava em plena ascensão), como concluía que eu tinha ficado louco e sacrificado minha reputação acadêmica ao compartilhar meus sentimentos de raiva, angústia e desejo. Ele falava dos próprios sentimentos, dizendo que o caráter extremamente pessoal de partes do livro o fizeram passar mal! (Soube mais tarde que Rosen era também um crítico de restaurantes. Nessa área, dizer que uma coisa faz você passar mal deve ser a pior das críticas.)

Meu estômago ficou embrulhado quando acabei de ler a resenha. Voltei para casa achando que minha carreira estava acabada.

Por que tinha feito aquilo? Eu era professor em uma grande universidade e já escrevera muitos artigos em jornais científicos, além de um livro no meu campo de psicologia clínica e de aconselhamento. Agora, R.D. Rosen usava meu livro como exemplo do declínio da academia e da civilização ocidental em geral. Estávamos definitivamente em sintonias diferentes. Embora eu tivesse problemas com a universidade, adorava o rigor e a liberdade da instituição. Gostava muito de ser professor de um programa de psicologia de aconselhamento na graduação, e achava que tinha levado ao mundo acadêmico uma contribuição necessária de autenticidade e expressão emocional.

Mas a dura realidade era que a resenha da *Psychology Today* provavelmente teria muito mais leitores do que meu livro e meus artigos científicos. Eu iria me tornar motivo de troça?

Agora, a ironia: depois que a resenha saiu, as vendas do livro dispararam como um foguete. Dobraram no mês seguinte e triplicaram um mês depois. Descobri a verdade do velho ditado: "Falem mal, mas falem de mim." Aparentemente, os leitores gostavam exatamente das coisas que tinham revirado o estômago do autor da resenha. Comecei a receber cartas elogiosas e comovidas de pessoas que me agradeciam por ter despido minha alma e diziam que o livro as tinha ajudado a despir as delas também. Recebi cartas de outros professores, afirmando que eu tinha restaurado sua fé no mundo acadêmico e lhes dera uma razão para continuar lecionando. O livro se tornou campeão de vendas, tendo mais de 20 edições nas duas décadas seguintes.

Mas o melhor ainda estava por vir: depois de o livro se tornar um best-seller, recebi inúmeros convites para fazer palestras e seminários. Tornou-se normal lecionar a semana inteira na universidade e viajar para eventos no fim de semana. Alguns anos depois, eu estava no Havaí desfrutando um delicioso descanso quando recebi uma mensagem urgente da minha secretária, avisando que Oprah Winfrey tinha telefonado.

Durante um longo período da minha vida eu não tive televisão, e estava completamente por fora de tudo o que acontecia na mídia popular. Liguei para a secretária perguntando quem era Oprah Winfrey e por que a ligação era tão urgente. Ela me contou que era a apresentadora de um programa de entrevistas que começava a chamar a atenção do país. Oprah queria usar meu livro como tema de um programa. Seria possível eu voltar?

Durante dois minutos, avaliei a idéia de encarar 10 horas de vôo. Disse à secretária que recusasse. No mesmo dia, visitei a casa da autora Shakti Gawain, em Kauai, e descobri que a partir de uma entrevista no programa de Oprah ela vendera centenas de milhares de livros. Apesar disso, resisti à tentação e mantive a decisão de ficar no Havaí.

Aparentemente, recusar o convite não ofendeu os produtores do programa, pois, em outras ocasiões, Kathlyn e eu fomos chamados para comparecer ao *The Oprah Winfrey Show*. As entrevistas multiplicaram as vendas de livros, mas nossa presença no programa de Oprah e em outros levou a algo muito mais compensador: a fundação do nosso próprio instituto.

O QUE SURGIU

Como resultado da grande visibilidade, recebemos pedidos de centenas de terapeutas, professores e outros profissionais que queriam estudar conosco. Logo estávamos oferecendo seminários de treinamento na América do Norte, na Ásia e na Europa. O Hendricks Institute cresceu nos últimos 20 anos e se tornou um próspero centro de treinamento, formando centenas de profissionais por ano. Também damos seminários para leigos em busca de crescimento pessoal. Ao longo dos anos, já houve 20 mil participantes.

Atribuo tudo isso à decisão de sair de trás da cortina protetora do rigor acadêmico e me aventurar pelo reino da expressão autêntica. Essa jornada me levou ao passado, para examinar meu trabalho anterior à luz da nova percepção, e me adiantou no tempo, servindo sempre como ferramenta de navegação.

Primeiro, pesquisei as notas e os cadernos que mantinha desde o início da carreira na área de aconselhamento, em 1968. Avaliei o material à luz das seguintes questões: *Usei esse material para mudar minha própria vida e/ou constatei que ele mudou a vida de alguém? Ou acho que é um material que pode ser útil porque li ou ouvi a respeito?*

Com o tempo, abreviei as perguntas para: *Isso é verdadeiro? Funciona? Usei esse material pessoalmente para mudar minha vida?* Desde então essas perguntas têm sido meu teste definitivo para determinar se vale a pena escrever sobre o assunto.

As perguntas também me guiaram em direção a diversas percepções pessoais. Uma das mais importantes delas me levou ao trabalho sobre relacionamento que criei com Kathlyn. Começou quando percebemos um padrão de problema no início do nosso relacionamento. Quando estávamos vivendo um período de harmonia, de repente alguma coisa acontecia e nos fazia perder a conexão. Tínhamos uma discussão, ficávamos doentes ou surgia algum problema com nossos filhos ou parentes. Levávamos dias para restabelecer a intimidade. Até que percebi algo que nos ajudou a entender como quebrar o padrão.

Estava em casa, no Colorado, fazendo exercícios de alongamento. Era uma manhã clara e ensolarada. Experimentava o grande prazer que os amantes da ioga ou de outra prática corporal conhecem. De repente, o prazer foi suplantado pela preocupação com minha filha, Amanda, que acabara de entrar para um colégio interno. Perdi a sensação de bem-estar quando comecei a imaginá-la solitária e com saudades, sendo perseguida pelas outras alunas. Nenhuma das imagens era real. Minha filha não falara qualquer coisa sobre experiências ruins.

Quando me dirigia para o telefone, com a intenção de ligar para Amanda, tive um lampejo de percepção. Será que o prazer que estava experimentando teria dado origem aos pensamentos confusos e ansiosos que inundaram minha mente? Será que havia um limite máximo de felicidade a partir do qual eu me sentiria mal? Será que eu usava inconscientemente discussões, pensamentos preocupantes ou doenças para me deprimir quando chegava ao limite da minha sensação de bem-estar?

Essa tomada de consciência trouxe diversas novas possibilidades à minha mente. Talvez as discussões, os aborrecimentos e outros fatos desagradáveis não tivessem nada a ver com os acontecimentos em si – eram apenas meios que usávamos para bloquear o fluxo de amor e bem-estar. Mas por quê? Por que nos impedíamos de ter sensações agradáveis? As respostas me surgiram: porque achamos que não temos direito ao bem-estar. Porque pensamos que não merecemos sentir amor. E, principalmente, sabotamos nossos bons sentimentos porque não estamos acostumados a nos sentir bem por um período significativo.

A história da humanidade – e nossas histórias pessoais – nos ensinam bastante sobre como lidar com a adversidade, mas muito pouco sobre como se sentir e se manter bem.

Uau! Fiquei eletrizado por essa percepção, mas, antes de sair correndo para comentar com Kathlyn, fui conferir como Amanda estava. Por telefone, ela me disse que estava muito feliz jogando vôlei com as colegas. Depois de comentar a descoberta com Kathlyn, começamos a observar nossos comportamentos mais detidamente nas semanas e nos meses seguintes. Aos poucos o padrão se tornou claro. Quase todos os nossos problemas aconteciam nas sextas-feiras. Analisando a situação, percebemos que os conflitos das sextas-feiras surgiam por causa do alívio pelo fim da semana. Aparentemente não tolerávamos bem essa sensação, porque era comum termos discussões depois de sentir o alívio por mais ou menos uma hora.

Quando ficamos afiados na percepção do padrão, vimos que era possível evitar a repetição. É preciso ficar muito atento, porque a mudança não acontece de um dia para o outro.

Inúmeras vezes, quando nos víamos prestes a entrar em conflito, parávamos e dizíamos coisas do tipo: "Vamos estragar nosso relacionamento com uma briga bem agora?" Aos poucos conseguimos manter o fluxo de intimidade por semanas, depois meses, sem criar problemas que o interrompessem. Mantivemos o fluxo mesmo enfrentando desafios, problemas familiares, e o nosso maior teste: a reforma de uma casa vitoriana centenária. Desde então, há mais de 10 anos não dizemos um ao outro uma palavra dura, nem fazemos uma crítica agressiva.

Todos os nossos livros sobre relacionamento – de *Conscious Loving* (Amor consciente) a outros cinco, em 20 anos – surgiram a partir da nossa própria relação, antes de começarmos a usar nossa teoria com os clientes. Todos foram escritos tendo em mente variações dessas perguntas-chave: *Isso é verdade? Funciona? Conseguimos que fizesse aumentar o fluxo de amor e intimidade?*

Meu terceiro objetivo à beira da morte – *registrar por escrito tudo de importante que aprendi durante meu tempo na Terra* – foi e continua sendo alcançado, muito além do que imaginei.

CAPÍTULO QUATRO

MEU QUARTO DESEJO

Sentir o divino

"Que história é essa de Deus?"

Segundo uma história que se contava na minha família, fiz essa pergunta quando era criança. Se é verdade, isso significa que desde aquela época eu tentava uma ligação com Deus.

Esse interesse que veio da infância ainda queimava em mim quando Ed me perguntou sobre meus desejos à beira da morte.

Quando Ed me pediu que pensasse no que não tinha realizado na vida, verbalizei meu desejo dessa forma:

★

Gostaria de ter desenvolvido uma compreensão de Deus e da divindade – uma compreensão que eu pu-

desse sentir em meu corpo, que não fosse meramente racional.

★

Com a ajuda de Ed, transformei a frase em um objetivo no tempo presente:

★

Sinto a presença de Deus o tempo todo, em qualquer lugar. Sei o que é o divino e como o Universo foi criado.

★

QUEM EU ERA

Sentir a presença de Deus sempre foi uma questão complicada para mim. Na infância, uma das coisas que mais me aborreciam quando ia à igreja era a falta de sentimento. Todo mundo parecia chateado e obrigado a estar ali enquanto o pastor falava. No outro extremo estavam os fanáticos pentecostais. A duas quadras da minha casa, havia uma pequena igreja pentecostal. Nos domingos de calor deixavam a porta aberta durante o serviço religioso.

Os gritos dos fiéis e outras "demonstrações de alegria" às vezes eram tão altos que fechávamos janelas e portas, apesar do calor. Uma vez passei em frente à igreja durante o culto para ver o que estava acontecendo. As pessoas pulavam e gritavam, enquanto um órgão e uma bateria eram tocados no fundo da igreja. O pastor estava à frente, com os punhos levantados para o teto e os olhos arregalados. A cena me pareceu uma loucura.

Lembro de ter pensado: se a escolha é entre o aborrecimento e a loucura, acho que prefiro me aborrecer. Mas, por dentro, sabia que nada disso me satisfaria. Ignorava, na época, que levaria mais de 20 anos até finalmente encontrar a experiência que procurava.

O QUE ME TORNEI

Depois da minha conversa com Ed, finalmente comecei a ter as experiências que desejava quando era criança. Elas se tornaram cada vez mais freqüentes, e agora acontecem com regularidade na minha vida. Comecei a praticar meditação diariamente, e acredito que isso tenha aberto espaço para vivências profundas e diretas em relação ao divino. Minhas primeiras experiências de meditação vieram por meio da tradição zen-budista, usando a técnica da respiração. Embora tenha conseguido uma certa tranqüilidade com a meditação zen, ainda não era o que eu procurava. Além disso, o professor recomendou no mínimo sessões diárias de duas horas, o que era difícil de encaixar no meu horário. Em 1973, descobri a meditação transcendental (MT) e foi por meio dessa linda prática que comecei a sentir a presença de Deus de forma mais constante. As técnicas de MT usam mantras, que achei muito mais fácil de integrar na minha vida do que as técnicas de contagem de respiração do zen-budismo. Na correria do cotidiano era possível realizar duas sessões de meditação de 20 minutos por dia.

Fui aprendendo diversas outras técnicas, todas excelentes, que produziram os resultados prometidos: mais paz e harmonia interior e mais produtividade. A prática dessas técnicas se tornou tão essencial na minha vida diária quanto tomar banho ou escovar os dentes. Não deixei de meditar um só dia desde 1973.

Acho que a meditação foi criando aos poucos em mim uma abertura, uma disposição interna que possibilitou as experiências poderosas que tornaram realidade o meu quarto desejo. Vou contar uma dessas experiências.

Aconteceu numa radiosa manhã no Colorado, quando eu andava pelo campus. Estávamos nas férias da primavera, e o silêncio só era quebrado pelo barulho dos meus pés sobre a fina camada de neve da noite anterior. Numa livraria, eu acabara de folhear um livro de frases ditas por Jesus. No caminho para casa, comecei a pensar no incrível paradoxo existente no cristianismo e em outras religiões. Jesus falou sobre amor e fraternidade, mas seus seguidores mataram milhões de pessoas em diversas cruzadas e guerras sectárias. Ele deixou uma mensagem de libertação, mas a Igreja se mostrou incrivelmente opressora. Sua mensagem era de compaixão e tolerância, mas seus servidores a deturparam e criaram regras rígidas de conduta que, se desobedecidas, levavam ao inferno.

Avaliava essa questão quando comecei a examinar as palavras e os conceitos relativos a Jesus e ao cristianismo. As palavras podem causar conflitos, e as pessoas são capazes de discutir durante séculos a respeito de conceitos. Mas, debaixo de todas as palavras e discussões, deve existir algo que seja essencial, puro e verdadeiro. Comecei a pensar: que *experiência* está subjacente a tudo isso? Talvez seja tão forte que as pessoas só conseguem lidar com ela por pouco tempo, e logo escapam para um mundo de palavras e conceitos. Talvez a verdadeira experiência seja tão poderosa que enlouquece alguns. No outro extremo estão as pessoas que se entregam ao tédio porque temem o poder da experiência.

De repente me ocorreu que Jesus podia ter chegado a um nível de consciência acessível a todos. De certa forma ele mencionou isso em frases como "Buscai, pois, em primeiro lugar, o seu reino e a sua justiça" (Mateus 6:33). Talvez a consciência de Cristo exista como um canal de televisão, pronto para ser conectado por qualquer pessoa que acione o controle remoto. Naquele momento, decidi conectar o canal. Parei no meio do campus, deixei os pensamentos me invadirem e disse algo do tipo: *Tudo bem. Estou disponível. Mostre-me.*

No momento seguinte, uma poderosa onda de energia percorreu meu corpo, deixando uma vibração elétrica de felicidade. Era uma sensação de calor e luz que irradiava em todas as direções. De repente o doce calor e a luz pareceram se concentrar no coração, e senti uma enorme compaixão por toda a humanidade. Achei que meu coração ia se partir, transbordando de amor e gratidão por todos. Vi céus e terras como um único e enorme Ser. Não havia separação entre as pessoas, a natureza e eu mesmo – éramos todos iguais e um único Ser. Estávamos juntos, numa dança de amor e celebração. Lembro-me de ter rodado em círculos vendo o céu, as árvores e algumas pessoas ao longe. Éramos um todo conectado por um campo quântico de amor e compaixão, partilhando nossa divindade.

Depois de alguns minutos, a intensidade do sentimento começou a diminuir, e voltei para casa sentindo-me leve e com um largo sorriso no rosto. Nos dias seguintes, descobri que, sem esforço, dissolveram-se certas divergências que eu tinha com algumas pessoas.

Acho que isso aconteceu porque vi que éramos todos um só. Quando percebi que somos expressões de uma força central criativa no Universo, achei difícil manter uma posição contrária à das pessoas ao meu redor.

Alguns meses depois, tive uma experiência na qual me senti diretamente ligado à Divindade em um nível ainda mais profundo. Numa noite de agosto, estava deitado depois de meditar. (Tinha o costume de me deitar por 10 ou 15 minutos depois de terminar minha meditação noturna. É um momento de sossego especialmente prazeroso, porque permite que o corpo descanse enquanto a mente está calma.)

Estava relaxado no silêncio quando comecei a pensar sobre quem ou o que Deus é na verdade. E me dei conta de que praticamente nada do que nos ensinam sobre Deus tem valor.

É tudo baseado apenas na experiência de alguém, embora eu duvide que tudo seja realmente baseado em experiências. Vi que o que nos ensinam a respeito de Deus normalmente evita questionamentos mais profundos que nos levem a ter uma experiência pessoal com Ele. Além do mais, as informações que conseguimos a respeito de religião normalmente são fornecidas por igrejas organizadas, com motivações e interesses próprios.

Normalmente nos ensinam a reconhecer Deus como uma força exterior, um poder criativo do Universo, e a nos reconhecer como seres criados por Ele. Por outro lado, muitos místicos, incluindo Jesus, ensinam que nós e Deus somos um só – e iguais. Como podemos ser criador e criatura ao mesmo tempo?

Esses pensamentos me deixaram confuso. De repente vi um raio de luz no fim desse túnel conceitual. Talvez, em algum lugar por trás de toda a desinformação a respeito de Deus, houvesse uma experiência real capaz de ser vivida. Afinal, se eu tinha a sensação de ter sido criado por Deus, fazia sentido que pudesse seguir ao contrário a cadeia de criação, até chegar à fonte.

Comecei com o que era real e inquestionável: tomei consciência de mim mesmo como ser humano. Percebi as sensações do meu corpo, entrei em contato com minha raiva, meu medo e minha alegria. Reconheci minha mente com todas as suas dúvidas, lembranças e idéias. Passei vários minutos analisando e aceitando todos os meus aspectos humanos.

Então me abri ainda mais, tornando-me disponível para me perceber como o criador de tudo aquilo.

De repente, uma explosão de luz e energia aconteceu dentro de mim. Comecei a vibrar intensamente, balançando com tanto vigor e rapidez que virei na cama. Embora possa parecer assustador, era uma coisa benigna. Senti como se uma corrente poderosa passasse através de mim, como um rio claro de energia. Foi uma sensação duradoura a que não resisti. Deixei a respiração acompanhar a sensação, entregando-me a ela, e pude sentir a corrente pulsando ainda com mais força em mim. Continuei assim durante meia hora, e fiquei ali deitado, com uma impressão deliciosa de espaço e calma no corpo. Um pensamento me passou pela cabeça: "É isso que Deus é. Não é algo em que pensamos, mas algo que sentimos."

Não me espantei por nunca ter sido capaz de perceber que Deus é uma experiência, não um conceito. No melhor sentido da palavra, Deus é impensável. Entendi a mensagem e comecei a prestar atenção e a *sentir* Deus, em vez de apenas pensar nele. Aos poucos, nos últimos 30 anos, o sentimento de Deus deixou de ser uma pequena experiência momentânea para tornar-se algo presente na minha vida diária quase o tempo todo.

Essa consciência veio em ondas de intensa revelação. Descobri que podia ter uma sensação de grande liberdade e espaço em qualquer lugar do corpo em que concentrasse minha atenção. Por exemplo, se eu sentisse uma tensão nos ombros, bastava focalizar nela por alguns segundos. Logo a tensão desaparecia, substituída por uma doce sensação de liberdade e espaço – da qual eu tinha consciência.

No início, pensei que essa sensação aparecia ao se desfazer a tensão. Mas acabei vendo que era bem diferente. A sensação de espaço e liberdade estava presente o tempo todo, mesmo quando eu me sentia tenso (ou dolorido, ou com fome). Eu não a percebia porque estava concentrado na sensação de tensão (ou dor, ou fome) que se sobrepunha. Logo eu me vi buscando a sensação de doçura, de espaço e liberdade em todas as partes do meu corpo, e a encontrava onde quer que procurasse.

Também passei a sentir outras dimensões dessa sensação. Prestando mais atenção, descobri que ela me dava uma idéia de conexão com as demais pessoas. Quanto mais tomava consciência dela em mim, mais a reconhecia nos outros. Gostava do sentimento de unidade que essa consciência me dava enquanto eu percorria o mundo. Primeiro, imaginei que fosse fruto da imaginação. Para resolver essa dúvida, comecei a fazer pequenas experiências em meus seminários e sessões de aconselhamento. Se os clientes diziam que estavam cansados ou com dor de cabeça, por exemplo, eu os convidava a concentrarem-se na sensação de dor ou fadiga. Pedia que se mantivessem focados nas sensações desagradáveis até perceberem uma mudança, e aí então procurassem captar outras sensações ocultas, além da fadiga ou da dor.

Levava alguns segundos, às vezes alguns minutos, mas eles sempre acabavam percebendo sensações de grande liberdade e fluidez. Era inevitável que abrissem os olhos, impressionados com a descoberta de que a consciência os tinha levado a uma nova sensação.

Inicialmente chamei essa sensação de "consciência pura" até que, em um seminário, uma aluna a qualificou como "divindade orgânica". Disse que era essa mesma sensação que experimentava na igreja em sua infância e que tinha se perdido à medida que ela se envolvera nos ensinamentos sobre teologia e dogma. Ficou feliz ao constatar que a sensação continuava presente, e que não dependia de ensinamentos religiosos. Isso levou a uma acalorada discussão em que outros participantes concordaram com a aluna e relataram suas experiências. Concluíram que a sensação que eu chamava de "consciência pura" é a essência espiritual natural com que todos viemos ao mundo.

No final, não importa se a chamamos de "divindade orgânica" ou de "consciência pura". Para mim o que vale são as sensações de conexão comigo mesmo, com as outras pessoas e com o Universo ao meu redor. São os momentos da vida que se tornam extraordinários por causa de uma impressão de unidade de consciência que liga todos nós. Com a repetição freqüente dessa sensação, percebi que meu quarto desejo estava se tornando realidade.

CAPÍTULO CINCO

MEU QUINTO DESEJO

Saborear a vida

Quando formulei o quinto desejo, eu me sentia triste pensando em todas as vezes que passei apressado por momentos que gostaria de ter saboreado. Antes da conversa com Ed, eu sempre achei que devia estar em um lugar diferente daquele em que me encontrava. Meu mundo era regido pelo relógio, que me dizia que eu devia estar sempre cinco minutos adiante, em qualquer situação. Foi por isso que falei a Ed:

★

Minha vida não foi totalmente bem-sucedida porque passei correndo por ela. Jamais parei para saborear os momentos preciosos ao longo do caminho.

★

Quando Ed me pediu que transformasse o desejo em um objetivo, ficou assim:

★

Minha vida é bem-sucedida porque saboreio cada momento ao longo do caminho.

★

SEMPRE EM OUTRO LUGAR

Quando formulei esse desejo, acabara de ter uma péssima experiência por não saborear um momento especial. Minha filha tinha passado horas fazendo uma fantasia para o Halloween. Com papelão, montou uma réplica perfeita de uma lata de lixo de metal. A lata a vestia, e a tampa era o chapéu. O forro era de saco plástico de lixo, que ela também havia usado para fazer os suspensórios. Na parte externa, ela pintou LATA PARA DESPEJAR DOCES, sugerindo que as pessoas colocassem ali as guloseimas. Antes do final da noite, Amanda mal podia andar, tamanho o peso dos doces.

Minha descrição não faz justiça ao efeito hilariante que causaram a fantasia e a criatividade de minha filha. Percorri com ela as casas pedindo doces e todos se encantaram.

Em vez de saborear essa experiência preciosa, mostrei-me impaciente após algumas visitas. Eu tinha outras coisas a fazer – acabar de preparar uma palestra, retornar alguns telefonemas. Comecei a apressar Amanda, que, para me agradar, praticamente correu de casa em casa. Voltamos exaustos.

Depois que a coloquei na cama, comecei a preparar a palestra, mas percebi que o cansaço me impedia de pensar. Por que eu tinha corrido tanto? Por que tinha me apressado para me dedicar ao trabalho, deixando de usufruir os momentos agradáveis com Amanda? Acabei me sentindo cansado e não consegui trabalhar. Fiquei aborrecido por ter perdido aquele momento mágico da infância de minha filha querida – e não era o primeiro.

O mesmo se dava em relação às experiências espirituais. Passar correndo pela vida me fazia pagar um preço. Estava começando a compreender por que as tradições do mundo espiritual valorizam tanto o momento presente. A mágica da vida acontece no agora, onde se encontram os momentos mais sagrados, desde grandes experiências especiais até as mais simples alegrias, como segurar a mão de uma criança enquanto ela pede doces no Halloween.

Quando formulei meu quinto desejo no leito de morte, minha vida era 10% da agitação que é hoje. Mas há muito não sinto mais o tempo me sufocando. Em algum ponto do caminho, aprendi a diminuir o passo, mesmo que o ritmo acelere. Aprender a saborear os momentos da vida é um processo contínuo, e eu espero progredir nele cada vez mais. Sinto uma enorme satisfação por ter chegado aonde cheguei.

Parece um milagre ter evoluído da vontade de querer sempre estar em outro lugar para ter o maior prazer de estar onde estou. Não aconteceu em um minuto de iluminação, mas em centenas de momentos em que me flagrei em outro lugar e consegui me trazer de volta ao presente. Eis um de que me lembro: num dia frio, assisti ao time de vôlei de minha filha apanhar sem piedade do time rival. Estava com uma dor de cabeça que só piorava com os gritos dos pais ao meu redor. Minha mente se ocupava em voar para outros lugares, onde havia copos de café fumegante, uma lareira acesa, o livro de mistério que estava lendo. Então, "abri mão das fantasias" e voltei ao presente. Eu ainda sentia frio, não estava contente, mas sabia perfeitamente por que me encontrava ali. Era por Amanda, para dividir com ela aquele momento, para amá-la e apoiá-la na gloriosa vitória ou na terrível derrota. Depois do jogo, voltando para o carro de braço dado com minha filha, sugeri levá-la a uma pizzaria com a melhor amiga – esse foi um dos momentos daqueles que dão brilho à vida. Se não estivermos presentes neles, não estaremos vivendo de verdade: essa é a regra de ouro.

Aos poucos, fui abrindo mão das fantasias tantas vezes que acabei quebrando o hábito. Passei a ficar cada vez mais presente no agora. Habituei-me a gostar de estar nos lugares onde me encontrava, e isso virou uma alegria. Para ilustrar essa história, quero dividir com você outros dois momentos preciosos.

É AQUI MESMO QUE EU QUERO ESTAR

O primeiro momento aconteceu durante uma viagem de bicicleta que fiz no Tibete, em 1986. Tem a ver com uma visita a um fabuloso mosteiro. O segundo, não menos sagrado, aconteceu durante um passeio de bicicleta na Itália, e tem a ver com um prato de sopa. Quando eu era criança, me apaixonei por bicicletas e, adulto, pedalei por milhares de quilômetros. Então, não é por pura coincidência que esses dois momentos se relacionam a passeios de bicicleta.

A estrada entre Lhasa e Lhigatse, a segunda maior cidade do Tibete, onde está o mosteiro de Tashilumpo, tinha sido destruída pelas inundações. Colocamos as bicicletas em um caminhão que nos deixou no alto de uma pequena estrada a mais de 5 mil metros de altitude, a aproximadamente 80 quilômetros de Tashilumpo. Depois de uma hora tentando nos recuperar, sentindo-nos como bêbados por causa do ar rarefeito, conseguimos montar nas bicicletas e seguir rumo ao mosteiro. A primeira hora da jornada foi uma das mais incríveis que já fiz, descendo a ladeira até cerca de 3.600 metros de altitude, numa sinuosa estrada de pedras, sem qualquer grade de proteção. Quando chegamos intactos à área plana, fizemos uma pausa para celebrar, ao lado de um dos lagos mais lindos que já vi.

O resto da viagem foi bem diferente. Subimos e descemos dezenas de morros, pedalando por cerca de 30 quilômetros, com um vento forte pela frente, a mais de 3 mil metros de altitude. Era o maior desafio físico que eu já tinha experimentado. Apesar de estar com 40 anos e ter um bom preparo físico, o esforço me fez chegar ao limite. Dois dos excursionistas de vinte e poucos anos se distanciaram alguns quilômetros do grupo.

Os demais foram pedalando conforme a resistência, e os que estavam na casa dos 60 ficaram para trás.

O vento aumentou, assim como a minha determinação de chegar a Tashilumpo. Logo estava com a bicicleta em primeira marcha, a 3 quilômetros por hora, no limite máximo do corpo. Num dado momento, a exaustão me fez ter alucinações. Comecei a achar que, em Tashilumpo, iria rever minha avó, falecida havia 20 anos. O esforço se tornou frenético na minha pressa de chegar.

Finalmente, compreendi a verdadeira natureza da alucinação. Não tinha qualquer relação com a chegada ao mosteiro. Eu me dei conta de que se tratava de abrir meu coração para o amor por minha avó e para a tristeza por sua ausência. Abri minha boca para o vento – e meu coração, para a tristeza que sentia. Era como um ritual de purificação. Eu estava sendo lavado de alguma coisa antiga para que algo novo pudesse viver e respirar dentro de mim. Inspirava e expirava grandes quantidades de ar à medida que pedalava, absorvendo, de forma incontrolável, o amor por minha avó, que eu jamais voltaria a ver. Parte de mim queria resistir à dor desses sentimentos, afastando-os de minha consciência. Mas então lembrei-me do meu desejo de saborear cada instante da vida, e me abandonei inteiramente, saboreando a tristeza da ausência, a alegria de ter sido neto de uma pessoa como minha avó, e a bênção de seu amor.

No limite da resistência, quando pensei que seria impossível continuar, senti surgir uma nova consciência em mim. Percebi que, no fundo do meu ser, *sou* o amor de minha avó.

Não há como perder seu amor – jamais. Ele está em cada célula do meu corpo. O amor de minha avó vive em mim e eu vivo nele. Não vai embora – está sempre aqui.

Foi quando aconteceu um milagre no mundo exterior. O vento que açoitara meu rosto na última hora foi para trás de mim quando fiz uma curva. De repente eu pedalava a 30 quilômetros por hora, em vez de me arrastar a 3. A respiração ainda estava acelerada, mas eu inspirava e expirava livremente no enorme espaço aberto que surgira no lugar da antiga tristeza. Desci pela estrada celebrando, inspirando ar puro.

À distância, vi casinhas assinalando a entrada da cidade. Empinei o corpo na bicicleta acenando para os monges e para as crianças, que retribuíam os acenos e sorriam. Segui a direção que apontaram e, percorrendo ruelas, cheguei aos portões do mosteiro de Tashilumpo. A viagem tinha terminado. Eu estava lá.

Agora, como outra forma de saborear, quero lhe oferecer uma sopa de celebração. Acione suas papilas gustativas imaginárias para dividir comigo um momento especial.

Um dia, no norte da Itália, enquanto Kathlyn e eu pedalávamos por uma estrada no campo, comecei a tecer fantasias sobre um minestrone para o jantar. Estávamos cansados, com frio, e ainda longe do nosso ponto de chegada. Começamos, então, a usar o minestrone como fator de motivação. A cada 5 quilômetros, um de nós pedia ao outro para falar da sopa. Na minha vez, eu acrescentava à descrição uma fábula de amor sobre a riqueza do caldo, a perfeição dos condimentos, o frescor dos tomates, o calor da lareira em frente à qual nos sentaríamos, além de outros detalhes que pudessem ajudar a vencer os quilômetros que faltavam. Os discursos de Kathlyn sobre a sopa eram ainda mais impressionantes. Seguimos em frente, cabeças baixas por causa do vento, encorajados pelo minestrone. Usávamos o sabor imaginário do caldo como outra forma de saborear a experiência imediata de pedalar nossas bicicletas. Quando, numa subida, eu reclamava de dor nos ombros, Kathlyn me mandava usar o minestrone para me esquentar e curar os lugares doloridos.

No final da tarde, conseguimos chegar à cidade de Alba. Ao cruzarmos a rua principal, logo procuramos o restaurante que nos serviria a desejada sopa. Passamos por um que parecia perfeito, mas foi grande a decepção quando vimos que só estaria aberto dali a uma hora. Havia outro à direita que parecia maravilhoso, mas vimos os proprietários ocupados com a arrumação das mesas. Estávamos quase chorando.

Foi quando houve uma intervenção do destino, da intuição ou da sorte. Tivemos o impulso de entrar numa pequena rua lateral. Ali estava o restaurante que queríamos – e com a porta aberta!

Demos um grito e corremos em direção à porta. Fomos recebidos por um maravilhoso aroma de alho, pão fresco e frango assando. Mas não! Os funcionários do restaurante estavam à mesa, jantando. Eles olharam os dois estranhos invasores, ainda com seus capacetes. O maître, o único que falava um pouco de inglês, humildemente se desculpou e pediu que voltássemos em meia hora, pois "estavam fazendo uma refeição simples".

Olhamos com gula para aquela "refeição simples". Você provavelmente já adivinhou do que se tratava – uma enorme sopeira cheia de um minestrone fumegante, acompanhado de fatias de pão recém-assado!

Ficamos em transe, devorando a sopa com os olhos. Nós a queríamos muito, naquele exato momento. De alguma forma, transmitimos a profundidade do nosso desejo, pois o maître nos olhou com compaixão. Ergueu um dedo, conversou rapidamente com os empregados e voltou-se para nós dizendo que tudo o que podia nos oferecer naquele momento era... o minestrone!

Praticamente choramos, de tanta gratidão. Fizemos reverência em agradecimento, jogamos beijos e então fomos até uma mesa e retiramos os capacetes e as luvas. Logo depois dois maravilhosos pratos de minestrone estavam à nossa frente. Em seguida veio um pão divino, com duas taças de vinho cor de rubi.

Na meia hora seguinte, fizemos nossa celebração em Alba, com a sopa. E que sopa! Foi elevada ao nível de sacramento. Não é preciso dizer que correspondeu plenamente às nossas expectativas. Quando terminamos, trocamos um olhar e decidimos que a busca tinha terminado ali. Resolvemos que nunca mais voltaríamos a pedir minestrone em um restaurante. E pronto.

Já faz muito tempo que isso aconteceu, mas a cada inverno provoco minha mulher-chef: "Katie, você se lembra do minestrone de Alba? Como estava maravilhoso aquele caldo! Lembra-se da textura dos legumes, dos pedacinhos de bacon? Como aquela sopa pareceu nutrir nossas almas!" Seu olhar cintila com a lembrança. No dia seguinte, sentiremos na cozinha o estimulante aroma de um minestrone borbulhando. Katie, a mulher-milagre da minha vida, a mulher que escreve livros, maneja uma furadeira elétrica e cultiva flores premiadas, estará fazendo uma sopa que é uma obra-prima.

Vou experimentá-la, saboreá-la e agradecer por, naquele lugar, naquele momento, todos os meus desejos terem se tornado realidade.

CAPÍTULO SEIS

PARA VOCÊ

Como acionar seu poder interior

E agora vem o precioso momento.

Convido-o a fazer a viagem sozinho.

Nos anos que se seguiram à minha conversa com Ed, tive milhares de encontros em que pedi a pacientes, amigos e familiares que me falassem de seus desejos. Com base nessa experiência, expandi e aprimorei o método de diversas maneiras. Neste capítulo, quero guiá-lo pelo processo dos *Cinco desejos*, exatamente como se você estivesse no meu consultório. Vou lhe dar exemplos e contar como outras pessoas o usaram.

Criei o formulário a seguir para facilitar o processo. Você pode preenchê-lo em um caderno, um bloco ou mesmo neste livro.

Quando trabalho com as pessoas em seus cinco desejos, começo com uma pequena explicação e com um convite. Imagine que estou lhe dizendo: "Quando eu tinha trinta e poucos anos, recebi como presente uma pergunta que mudou o curso da minha vida. Minha decisão de respondê-la fez com que meus sonhos se tornassem realidade. Agora quero lhe dar esse presente, para que você possa usar seu poder para criar uma vida plena."

Então lhe farei o convite: "Você quer receber o presente da pergunta e usá-la para criar uma vida plena?"

Se aceitar, pedirei que se imagine no leito de morte, naquele momento ou 50 anos depois. Vou lhe fazer uma visita. Ficarei ao seu lado e perguntarei se sua vida foi bem-sucedida. Você responderá *sim* ou *não*. Se responder *não*, vou perguntar as razões. Não se apresse, escreva com calma, mas faça isso agora. Lembre-se do que Ed disse: "Quanto mais difícil a pergunta, mais importante é responder imediatamente. Este momento basta. É o único que temos."

Vá em frente. Pegue um papel (ou use o formulário) e escreva agora. Copie a frase abaixo e a complete com o que for verdade para você. Comece com a razão mais importante. Primeiro expresse-a de forma negativa, pois, como Ed disse, esta é uma "maneira maravilhosa de clarear a mente".

★

A principal razão de minha vida não ter sido totalmente bem-sucedida foi porque eu não ____________

____.

Agora escreva as outras quatro razões.

*Minha vida não foi totalmente bem-sucedida porque eu não*____

____.

*Minha vida não foi totalmente bem-sucedida porque eu não*____

____.

*Minha vida não foi totalmente bem-sucedida porque eu não*____

____.

*Minha vida não foi totalmente bem-sucedida porque eu não*____

____.

★

Releia a primeira razão, para ter certeza de que é a mais importante. Se não for, reordene a lista. Quando terminar, transforme as frases nos seus desejos:

★

*Para minha vida ter sido totalmente bem-sucedida, eu gostaria que*______________________________________

____

*e gostaria que*____

____

*e também gostaria que*______________________________________

____

*e*____

____

*e*____

____.

Se eu tivesse feito essas coisas – ou passado por elas –, diria que minha vida foi bem-sucedida.

★

EMOÇÕES E CRENÇAS LIMITADORAS

Ao passar pelo processo dos *Cinco desejos* e ao se dar conta das crenças que limitaram seu crescimento, provavelmente você vai remexer em grandes emoções. Se isso acontecer, é bom, pois significa que o processo está funcionando. Um dos objetivos do processo é revelar-lhe sentimentos gerados por crenças limitadoras, para que você tome consciência deles e se liberte.

É importante acolher todas as emoções e crenças que surgirem durante o processo. Geralmente as emoções mais freqüentes são tristeza, raiva e medo, e podem aparecer ao mesmo tempo. Não deixe de abrir a porta e saudar o que surgir.

O mesmo acontece com as crenças limitadoras. Trabalhando no processo dos *Cinco desejos*, você vai se deparar com padrões de comportamento instalados desde cedo na sua vida, sem que você tomasse consciência deles. Tenho visto com muita freqüência que a maioria não percebe que uma crença limitadora é apenas isto: uma crença que pode ser mudada. Nós a consideramos realidade – o jeito como as coisas precisam ser. Já vi dezenas de pessoas ficarem surpresas ao perceberem que uma limitação que consideravam real e permanente era apenas uma grade imaginária que as mantinha presas.

Algumas das crenças limitadoras mais comuns são:

Sou velho demais para ________________________.
Não tenho dinheiro suficiente para ______________.
Não sou inteligente o bastante para _____________.
Tenho de esperar até ___________________________
para que possa ______________________________.

Darei um bom exemplo disso. Fiz uma sessão dos *Cinco desejos* com Dora, uma mulher de cinqüenta e poucos anos. Tinha se divorciado depois de um casamento que descrevia como "longo, tedioso e sem carinho".

Quando os filhos cresceram, ela e o marido tomaram rumos diferentes. Em seu formulário ela escreveu: "A principal razão de minha vida não ter sido totalmente bem-sucedida foi porque eu nunca soube o que é a verdadeira felicidade." Quando terminou de escrever, começou a chorar. Eu lhe disse que aceitasse e saudasse aquela tristeza.

Percebi que, muitas vezes, as pessoas tendem a prender a respiração quando as emoções afloram. Eu mesmo fazia isso quando era criança, para tentar segurar o choro. Quando vi Dora prendendo a respiração e chorando, convidei-a a aceitar a tristeza em vez de tentar afastá-la. Mostrei-lhe como respirar fundo ao sentir a tristeza, o nó na garganta e as lágrimas. De repente, ela disse estar com frio. Eu sabia, pela experiência, que é comum o medo fazer as pessoas sentirem frio. Pedi que verificasse se estava tendo algum sintoma físico de medo. Ela confirmou. Eu a convidei a prestar atenção naquele medo e descobrir do que se tratava. Ela disse ter medo de nunca ser feliz.

Como já mostrei, é comum as pessoas não perceberem que uma crença é apenas uma crença. Quando perguntei a Dora de onde vinha a crença de que não podia ser feliz, ela piscou, assustada, dizendo não se tratar exatamente de uma crença. "Quem é que você vê por aí com ar de felicidade?", perguntou. De alguma forma, ela generalizara sua crença limitadora, incluindo toda a humanidade. Pedi que procurasse se lembrar da época em que, pela primeira vez, achou que as pessoas não podem ser felizes. Senti que ficou irritada, pois um certo desgosto lhe passou pelo rosto. Perguntei em que tinha pensado. Respondeu que pensara na avó, a "pessoa mais amarga" que tinha conhecido.

E me contou uma história de três gerações de traições e desamores em que a morte de diversos maridos ou o abandono por eles deixara a mãe e a avó sozinhas e sem dinheiro. Concluiu que talvez, exatamente por tudo isso, tivesse escolhido o marido. Disse que desde o início sabia que ele não era a pessoa certa, mas também tinha certeza de que ele nunca a deixaria ou trairia. Isso a fez chorar ainda mais. Admitiu que ter alguém que não a deixasse não era uma grande razão para um casamento. Mostrei-lhe que seu passado explicava a crença de que a felicidade era impossível, mas o importante era perceber que não precisava mais ficar presa a essa situação ou a qualquer outra crença limitadora.

É fundamental reconhecer nossas emoções e crenças limitadoras: quando as conscientizamos, elas perdem a força.

Agora, pense nas crenças que impedem você de realizar seus cinco desejos. Que experiências do passado levaram a elas? Está na hora de descobrir essas crenças limitadoras e desprogramá-las.

Percebi uma nova luz no rosto de Dora e um tom de voz diferente à medida que avançamos.

Eis os cinco desejos de Dora:

★

Para minha vida ter sido bem-sucedida, gostaria de ter sido realmente feliz.
E gostaria de ter passado mais tempo fazendo coisas para meu próprio desenvolvimento.
Também gostaria de ter sabido como é estar apaixonada.
E ter descoberto uma causa ou paixão maior do que eu mesma para dedicar minha vida.
E ter tido um trabalho de que eu realmente gostasse.

★

Compare o primeiro desejo de Dora com o de Connie, de 30 anos:

★

Para minha vida ter sido bem-sucedida, gostaria de ter vivido apaixonadamente.

★

À medida que investiguei esse desejo com Connie, a emoção que surgiu foi o medo de cair na armadilha de um emprego que a deixasse estagnada e de um casamento que limitasse sua liberdade. Ela já tinha sentido a alegria de um compromisso pleno e apaixonado quando trabalhara em uma organização ambiental. Também mantinha há alguns anos um relacionamento afetivo, e o namorado não a impedia de viajar sozinha para seminários, nem cobrava explicações ou justificativas. Mas agora havia uma pressão familiar para que ela conseguisse um emprego "de verdade" e se casasse. Como a família financiava seu trabalho voluntário, ela se sentia pressionada a aceitar suas opiniões.

Por trás do desejo de um compromisso apaixonado com a vida estava o medo de se ver limitada e presa a uma rotina. É por isso que quero que você compare as experiências de Dora e Connie. As duas, cada uma à sua maneira, estão lutando contra problemas sérios: a escolha entre assumir um compromisso com o jogo da vida ou permanecer no banco de reservas, presa, frustrada, até soar o apito final. Connie tenta sair do banco, enquanto Dora entra em desespero ao constatar que ela mesma se colocou no banco há bastante tempo. Como muitos de nós, sofre as conseqüências de uma escolha antiga, sem perceber que poderia ter decidido tomar outro rumo. Mas era preciso ter consciência e força, e isso lhe faltou.

Uma das belas coisas no processo dos *Cinco desejos* é que você pode passar por eles quando quiser, não importando sua idade ou as circunstâncias externas. Nunca é tarde demais para perceber o que é essencial. Dora produziu uma mágica verdadeira em sua vida, e não levou muito tempo. Avançando no processo, ela transformou seus desejos em objetivos imediatos, com os verbos conjugados no tempo presente. Seu desejo pela verdadeira felicidade tornou-se "Fico feliz onde quer que eu vá, com qualquer coisa que esteja fazendo". Pedi que repetisse a frase em voz alta diversas vezes até se acostumar com a idéia, o que pareceria impensável e absurdo uma hora antes. Com a repetição da frase, um sorriso se abriu no seu rosto.

Perguntei o que estava sentindo. Ela se disse nervosa e entusiasmada, mas acrescentou que "havia algo mais".

Pedi que descrevesse esse sentimento. Ela disse que era como um espaço que acolhia seu nervosismo e sua empolgação. Foi a minha vez de ficar empolgado, porque sempre acreditei que a felicidade não é um só sentimento – é um sentimento que fala de todos os outros. É uma sensação sutil e prazerosa que aparece quando nos abrimos às emoções, ao momento presente e à vida. Foi exatamente o que Dora descreveu.

Eu lhe dei os parabéns. Ela já estava realizando seu maior objetivo, sentindo-se feliz no lugar em que se encontrava, fazendo o que estava fazendo. Seu sorriso iluminou seu rosto.

– Agora, é só praticar – eu disse.

Quanto a Connie, depois de trabalharmos juntos seus cinco desejos, ela decidiu resistir às pressões da família. Agradeceria o apoio que recebera, mas declarou que não iria mais aceitar o dinheiro que lhe davam. Depois de diversos trabalhos temporários de consultoria, encontrou um emprego que lhe agradava: organizar viagens ecológicas e acompanhar grupos nessas excursões.

SEUS CINCO DESEJOS AQUI E AGORA

Está na hora de transformar seus desejos em objetivos. Coloque-os no tempo presente, como se estivessem acontecendo agora. Comece com o mais importante. Por exemplo, digamos que você tenha escrito:

★

A principal razão para minha vida não ter sido bem-sucedida foi não ter encontrado minha alma gêmea.

★

Veja como transformar a frase numa afirmativa no presente:

★

Minha vida é totalmente bem-sucedida porque tenho uma relação amorosa com minha alma gêmea.

★

Agora é sua vez. Escreva assim seu principal objetivo:

★

Minha vida é totalmente bem-sucedida porque ____

____

____.

★

Releia a frase algumas vezes em voz alta. Descubra se há algo que ressoe no seu coração e na sua alma.

Vamos supor que isso aconteça. Passe para os outros desejos e objetivos. Como fez com o primeiro desejo, transforme os outros quatro em objetivos. Use o tempo presente, como se estivessem acontecendo agora.

★

Minha vida é totalmente bem-sucedida porque _____

____

____.

Também é totalmente bem-sucedida porque _______

____

____

e porque ____________________________________

____

e porque ______________________________________

____

e porque ______________________________________

____.

★

OS PASSOS NECESSÁRIOS

Talvez você ache útil criar passos que vão transformar seus objetivos em realidades concretas. Às vezes, os passos são óbvios; outras vezes, você precisa ser criativo. Veja um exemplo do que estou falando. Aconteceu com minha amiga Sandy.

Uma tarde, quando eu estava trabalhando neste livro, ela e Kathlyn foram ao escritório me levar uma xícara de chá. Depois de ouvir sobre o que eu estava escrevendo, Sandy quis submeter-se ao processo dos *Cinco desejos*. Em 15 minutos ela fez sua lista:

★

Para minha vida ter sido totalmente bem-sucedida, gostaria de ter tido um trabalho e uma carreira de que realmente gostasse.
E de ter visitado as pirâmides e o Taj Mahal.
Também gostaria de ter terminado o mestrado.
Gostaria de ter continuado a escrever poesia depois do nascimento dos meus dois filhos.
E de ter passado mais tempo me divertindo com meu marido.

Aqui estão os desejos de Sandy transformados em objetivos no tempo presente:

Minha vida é totalmente bem-sucedida porque tenho um trabalho e uma carreira de que realmente gosto.
Também é bem-sucedida porque conheci as pirâmides e o Taj Mahal.
Também é bem-sucedida porque terminei o mestrado.
Agora escrevo poesia todos os dias.
E passo horas me divertindo na companhia de Paul.

★

Alguns itens da lista de Sandy talvez estejam entre os seus cinco desejos. Você é capaz de fazer algumas coisas agora, outras podem levar mais tempo para acontecer. Por exemplo, Sandy deixou a universidade um ano antes de terminar o mestrado. Dez anos tinham se passado, e seria necessário examinar as providências a serem tomadas para que seu desejo se tornasse realidade.

Mas seu quarto desejo poderia acontecer imediatamente. Na verdade, escolhi me concentrar nesse desejo para ajudá-la a gerar uma ação.

Perguntei o que podia ser feito imediatamente para que ela voltasse a escrever poesia. Sandy fez uma lista: conseguir o tipo de caderno de que gostava, arrumar tempo para escrever, etc. Eu a desafiei: qual seria a crença limitadora que a levava a definir um tipo determinado de caderno, a exigir um tempo contínuo ou algo além do que ela já tinha? Entreguei-lhe uma folha em branco e uma caneta e disse que ela podia escrever um poema naquele momento. Durante a meia hora seguinte, Sandy escreveu diversos poemas. Embora ela não os considerasse bons, ao menos estava praticando.

Escrever seus desejos e objetivos fez surgir imediatamente em Sandy muita energia e clareza. Alguns meses depois, ela me disse que o processo tinha colocado "sua vida em foco" e renovara o sentido de sua existência.

A experiência também produziu outros resultados: Sandy continuou a escrever e fez o primeiro poema que lhe deu satisfação em muitos anos. Esse poema "abriu uma comporta para cerca de 20 outros", ela relatou. Conversou com o marido sobre seu objetivo de passar mais tempo com ele, o que o deixou feliz. Ambos se comprometeram a sair uma noite por semana para namorar e vêm cumprindo a promessa.

Outros de seus objetivos – desenvolver uma carreira de que goste, completar o mestrado e ver o Taj Mahal – vão levar um certo tempo para serem atingidos, mas ela fez uma lista de ações em relação a cada um e está tomando providências. Chegará a hora de visitar o Taj Mahal e as pirâmides, mas talvez ela descubra outros lugares com que ainda não sonhou. Os objetivos não são gravados em pedra. Podem sempre ser revistos à luz de novas descobertas sobre nós mesmos.

Examine seus objetivos. Existem alguns passos que você pode dar imediatamente para que eles se tornem realidade? Pense mais a respeito e escreva quais são esses passos. Procure recursos para ajudá-lo a atingir seus objetivos específicos – livros, aulas, pessoas capazes de dar orientação, etc. Mantenha o ritmo do processo de realização dos seus cinco desejos, dando os passos necessários e observando seu progresso.

A CONVERSA OCULTA

Durante o processo, preste atenção no que eu chamo de *conversa oculta*: a conversa que aparece na sua mente e outras reações que ocorrem quando você tem um pensamento positivo. As crenças da mente, como já vimos, se baseiam em uma antiga programação. Por isso é natural que a mente se rebele quando você introduz uma nova idéia brilhante e positiva. A conversa oculta é feita pela voz das pessoas vistas por você como autoridades, tanto as atuais quanto as do seu passado. Elas certamente reagirão às novas idéias. Quando Copérnico e Galileu começaram a introduzir suas idéias, as autoridades reagiram. Para elas, era óbvio que o Sol girava ao redor da Terra! Era claro que a Terra era plana! A mente funciona da mesma maneira. Não se surpreenda, pois, se surgir algum tipo de resistência quando você formular seus desejos e objetivos mais profundos.

Quando você formula uma idéia nova e positiva na mente ou em voz alta, provavelmente logo percebe essa conversa oculta. Ela pode vir da mente, do corpo, das emoções ou dos três lugares ao mesmo tempo. Quero que você fique consciente desse fato e que até mesmo o acolha.

Receba bem a conversa oculta, pois ela é normal e natural. Na verdade, é um sinal de que a nova idéia está fincando raízes. Digamos que seu desejo seja "Minha vida é completamente bem-sucedida porque tenho uma relação amorosa com minha alma gêmea". Quando diz isso para si mesmo em voz alta, sua mente pode deflagrar uma conversa oculta, argumentando "É impossível!" ou "Alma gêmea não existe" ou "Isso nunca aconteceu na sua família". Esse tipo de reação pode aparecer no seu corpo ou nas suas emoções, talvez como uma onda de tristeza, rigidez muscular ou tensão no maxilar. Reconheça e aceite tudo isso – é uma maneira rápida de aprender quais têm sido as barreiras que o impedem de chegar ao seu objetivo. Por exemplo, se a conversa oculta vem sob a forma de uma onda de melancolia, é provável que alguma antiga tristeza não-digerida o esteja impedindo de encontrar alguém e ter uma relação amorosa. É bom saber – isso vai ajudá-lo a operar uma transformação e a escolher com mais liberdade.

A melhor atitude é reconhecer e acolher a barreira com amor, compaixão e compreensão. Não se critique por suas falhas, nem perca tempo com recriminações. Acene com amor, acolha esse tipo de conversa e continue no caminho da alegre criação de uma vida plena de realizações.

ADAPTANDO SEUS CINCO DESEJOS

Depois de ter formulado os cinco desejos que o fazem sentir-se bem e são adequados para você, esteja aberto às mudanças que virão. Pense nos desejos como roupas novas e maravilhosas. Olhe-se no espelho com elas. Faça pequenos ajustes necessários, melhorando a forma de expressar os desejos ou substituindo-os por outros que o façam sentir-se mais feliz. Entretanto, antes de substituir um desejo, pergunte a si mesmo: *Estou abrindo mão do meu desejo porque acho que é difícil realizá-lo?* Uma boa maneira de responder é com outra pergunta: *Se não fosse difícil realizá-lo, eu ainda teria esse desejo?*

Vou dar um exemplo. Embora falecido, Jerry, que conheci há mais de 30 anos, ainda me inspira com sua coragem e dedicação. Aos quarenta e poucos anos, ele passou por uma crise durante a qual percebeu que detestava ser advogado. Descobriu que sempre quisera ser médico, mas estudara direito por pressão familiar e por não se achar inteligente o bastante para cursar medicina. Na sua idade, ele não conseguiria, nos Estados Unidos, ser aceito numa escola de medicina. Sentiu-se frustrado e desesperado ao pensar em passar o resto da vida com um sonho não-realizado. Felizmente, ele se perguntou: *Se não fosse difícil realizá-lo, eu ainda teria esse desejo?* Recebeu um sonoro *sim* como resposta, o que o fez manter no topo da lista o desejo de estudar medicina. De repente, abriu-se uma nova possibilidade: uma escola na Holanda o aceitaria. Na verdade, o curso iria começar dentro de seis semanas. O problema é que as aulas eram em holandês, e parecia impossível aprender o idioma num prazo tão curto. Mais uma vez ele se perguntou se manteria o desejo se não fosse difícil realizá-lo. Claro que sim! Nas seis semanas seguintes, Jerry estudou e falou holandês 18 horas por dia. Depois de anos de aulas, internato e residência, começou a praticar medicina aos cinqüenta e poucos anos. Na última vez que o vi, era um médico vibrante e apaixonado pela profissão. Tinha quase 80 anos.

O QUE É MAIS IMPORTANTE

Na minha experiência de vida e no trabalho com as pessoas nos últimos trinta e poucos anos, descobri que nós, seres humanos, temos muito mais capacidade para realizar nossos objetivos do que imaginamos. Acredito que podemos atingir todas as nossas metas se conseguirmos harmonizar corações e mentes em relação a elas. Eu tinha cinco objetivos importantes. Você pode ter mais ou menos, o número não importa. Só importa mesmo a qualidade dos seus objetivos e como eles ressoam em você.

Da perspectiva de seu leito de morte, o que importa é que seu último suspiro aconteça com a doce satisfação de uma vida realizada, e que você expire com a bênção de ter vivido o mais plenamente possível. Da perspectiva do presente, o que importa é que sua próxima respiração dê energia à sua intenção de concretizar seu destino.

Sempre serei grato por ter encontrado em uma festa um estranho que me fez a pergunta que me desafiou a mudar a minha vida. Também fico feliz em compartilhar essas possibilidades e escolhas com você. Escrever este livro continua a transformar meu terceiro desejo em realidade.

Agora a jornada que empreendemos durante a leitura deste livro vai terminar. Quero agradecer a você por abrir seu coração e sua mente para os milagres vivos que descortinamos juntos.

Receba e leve consigo a bênção que vem do fundo do meu coração:

★

Aonde quer que seus caminhos o levem, que se tornem realidade todos os seus desejos formulados no leito de morte. E que você possa comemorar cada um deles por muitos anos, antes do último suspiro.

★

FAÇA PARTE DA COMUNIDADE ON-LINE

Você vai encontrar diversos recursos no site em inglês www.5wishesbook.com. Chamo sua atenção para alguns especialmente úteis.

Primeiro, gostaria que você fizesse parte de uma próspera comunidade que cresce no site, chamada *Five Wishes* (Cinco desejos), e que se beneficiasse da sinergia das pessoas que estão no mesmo caminho. No site, você vai descobrir diversas maneiras de formar grupos virtuais. Ali também estão teleconferências grátis, abordando diversos aspectos do material referente ao processo dos *Cinco desejos*.

Em segundo lugar, há nele um sistema especialmente desenvolvido para colocar no site seus cinco desejos, para que outros os conheçam. Você pode fazê-lo de forma anônima ou usando seu nome, como preferir. Há ainda uma seção para colocar as ações que você vai completando, o processo descrito no capítulo "Meu segundo desejo". Acho que você ficará impressionado com a energia que vai surgir ao colocar no site seus desejos e atitudes de completude, e ao ler o que as outras pessoas escrevem.

Em terceiro lugar, estamos sempre atualizando o formulário *Cinco desejos* e providenciando novos materiais; portanto, visite o site periodicamente para ver as últimas versões do material gratuito. Você também vai encontrar material de áudio e vídeo de pessoas trabalhando em seus cinco desejos.

AGRADECIMENTOS

Em primeiro lugar, quero agradecer a Neale Donald Walsch, por me inspirar a escrever este livro. Sua orientação e sua presença afetuosa são preciosas para mim. Muito obrigado, Neale, pelos presentes que dá ao mundo.

Pensar em Ed Steinbrecher sempre me faz sorrir e ter um profundo sentimento de gratidão. Embora nosso contato tenha sido muito rápido durante seu tempo na Terra, ele foi e sempre será uma âncora para mim.

Agradeço a atenção amorosa dada a este livro por Max Allen e seus colegas da New World Library. A editoração delicada e perspicaz de Kristen Cashman foi de especial ajuda.

Agradeço a Bonnie Solow, que, além de grande agente literária, é uma querida amiga e conselheira de confiança.

Kathlyn e eu a adoramos e somos profundamente gratos por sua presença em nossas vidas.

Devo muita gratidão aos milhares de pessoas com quem trabalhei sobre os *Cinco desejos* ao longo dos anos. Vocês me ajudaram a compreender e a aprofundar o processo de inúmeras maneiras. Espero que tenham se beneficiado das conversas tanto quanto eu.

Sou abençoado por pertencer a uma família amorosa e por fazer parte de um maravilhoso círculo de amigos, perto ou longe, que dão à minha vida um brilho especial.

A Amanda, Chris, Helen, Mike, Elsie, Imogen e aos outros membros do nosso clã agradeço eternamente pelo amor e pelos exemplos que me deram com suas vidas criativas e generosas.

A Monika Krajewska, Stephen Simon, Arielle Ford e outros membros da nossa equipe, agradeço por demonstrarem que trabalho e amor são a mesma coisa.

A Kathlyn, minha mulher e colaboradora no processo criativo, minha imensa gratidão. Tive o raro prazer de acordar a cada dia, durante os últimos 27 anos, me sentindo o homem mais feliz do mundo.

SOBRE O AUTOR

Gay Hendricks é autor de fama internacional, organizador de seminários, empresário da internet e realizador de filmes.

É pós-graduado em psicologia de aconselhamento pela Universidade de Stanford (1974) e autor de mais de 20 livros, incluindo os best-sellers *Conscious Loving* (Amor consciente), *Conscious Living* (Vida consciente) e *A mística empresarial.* Fundou várias instituições, como o Hendricks Institute, a Foundation for Conscious Living, o Spiritual Cinema Circle e a Illumination University. Também dá palestras e tem um programa de rádio semanal na Hay House Radio. Vive com a mulher, a escritora e palestrante Kathlyn Hendricks, em Ojai, estado da Califórnia. Para mais informações, visite www.hendricks.com.

CONHEÇA OUTROS TÍTULOS DA EDITORA SEXTANTE

SALOMÃO, O HOMEM MAIS RICO QUE JÁ EXISTIU

Steven K. Scott

Nos seis anos seguintes à sua formatura, Steven K. Scott foi demitido de nove empregos. Tentou abrir seu próprio negócio duas vezes, mas fracassou. Por mais que se esforçasse, não conseguia ser bem-sucedido em nada.

Mas um dia ele conheceu o Livro dos Provérbios de Salomão e, a partir daí, sua vida começou a mudar em todos os níveis: pessoal, profissional e financeiro.

Nesse livro, o autor faz uma análise dos principais ensinamentos de Salomão, mostrando como eles podem ajudar você a conquistar seus objetivos, resolver conflitos, melhorar seus relacionamentos, aumentar sua capacidade de comunicação, conquistar a independência financeira e, principalmente, desenvolver a riqueza espiritual e a paz interior.

OS 10 MANDAMENTOS DO BOM SENSO

Hal Urban

Grande conhecedor da Bíblia e dos mistérios que ela encerra, Hal Urban retirou das Escrituras alguns conselhos que ajudam a alinhar nossa vida com as atitudes que nos trazem alegria, conforto espiritual e paz interior.

Todos sabemos quais são os fundamentos de uma vida plena, mas muitas vezes os deixamos de lado em nome de valores apregoados pela sociedade.

Num texto inspirador e envolvente, o autor mostra como podemos resgatar os verdadeiros valores usando a sabedoria da Bíblia.

COMO DESPERTAR O MELHOR DAS PESSOAS
Laurie Beth Jones

Há mais de dois mil anos, Jesus sabia que não poderia realizar sua missão se não tivesse a ajuda de uma equipe. Da mesma forma, qualquer um de nós só consegue implementar suas idéias se elas forem abraçadas por outros que se disponham a levá-las adiante.

Em *Como despertar o melhor das pessoas*, Laurie Beth Jones apresenta o estilo de liderança que Jesus usou com seus discípulos para nos mostrar como transformar um grupo heterogêneo em uma equipe eficiente, composta por profissionais entusiasmados e dispostos a fazer um bom trabalho.

OS SETE PODERES
Álex Rovira Celma

Tendo como cenário um universo mágico repleto de personagens encantados, *Os sete poderes* é uma fábula que nos faz refletir sobre algumas das forças mais poderosas que regem nossas vidas, como o medo, a insegurança, a coragem, a determinação, a confiança e o amor.

Numa narrativa singela e envolvente, o livro conta a trajetória de um jovem cavaleiro que, ao ser escolhido pelo rei para herdar o trono, parte em uma aventura perigosa e transformadora pelas terras do mal. Sua missão é recuperar a espada Albor e encontrar o príncipe, que fora raptado muitos anos antes, no dia de seu nascimento.

Durante essa jornada, o cavaleiro passa por terríveis provações de força e caráter. Mas, mantendo-se firme a seus propósitos e seguindo seu coração puro, acaba por aprender valiosas lições de humildade, responsabilidade e perseverança.

OS SEGREDOS DA LONGEVIDADE

Maoshing Ni

Se você quer chegar aos 100 anos em boa forma física e mental mas está preocupado com os maus hábitos do passado, imaginando que os anos de sedentarismo e de estresse vão cobrar a fatura, pode se tranqüilizar.

Segundo o médico Maoshing Ni, especializado em medicina chinesa, nunca é tarde demais para começar – o importante é ter disciplina e disposição para mudar o comportamento daqui para a frente.

Com mais de 200 conselhos e dicas a respeito de alimentação, substâncias antioxidantes, exercícios físicos, tratamentos antienvelhecimento e técnicas antiestresse, *Os segredos da longevidade* reúne o melhor da sabedoria do Oriente com os avanços científicos mais recentes do Ocidente.

O TESTE DA PAIXÃO

Janet e Chris Attwood

Se você tem a sensação de que seus verdadeiros desejos foram sufocados e deram lugar a uma rotina cansativa e sem graça, esse livro pode ajudá-lo a mudar essa situação, pois vai apontar o caminho que você precisa trilhar para resgatar seus sonhos e passar a viver de acordo com eles.

Foi pensando nisso que Janet e Chris Atwood criaram o Teste da Paixão, uma série de questões que você deve responder para ouvir o que se passa dentro do seu coração e identificar o que é realmente importante para você.

FELICIDADE EM POUCAS PALAVRAS
Andrew Matthews

Sua capacidade de alcançar a felicidade é ilimitada, basta se programar para conquistá-la. Essa é a principal mensagem desse livro alto-astral, cheio de frases inspiradoras e ilustrações bem-humoradas.

Andrew Matthews mostra como evitar os pensamentos negativos e criar espaço para a harmonia, o bem-estar e uma interação mais saudável com o mundo.

Você verá que nunca é tarde para dar o primeiro passo em busca da felicidade. Descubra um novo modo de encarar as dificuldades, e terá um dia-a-dia mais feliz.

A FORÇA INVISÍVEL
Wayne W. Dyer

Há um extraordinário e inesgotável campo de energia que permite a todo ser humano concretizar seus desejos. Essa força invisível que está ao nosso alcance é, segundo Wayne W. Dyer, o próprio poder da intenção: uma dádiva que flui naturalmente em nossa vida quando nos conectamos ao princípio criativo do universo.

As 365 mensagens contidas nesse livro são maravilhosas orientações sobre como aliar intenção, foco e nossa própria energia para fazer com que essa força se manifeste no nosso cotidiano.

INFORMAÇÕES SOBRE OS PRÓXIMOS LANÇAMENTOS

Para receber informações sobre os lançamentos da Editora Sextante, basta cadastrar-se diretamente no site www.sextante.com.br

Para saber mais sobre nossos títulos e autores, e enviar seus comentários sobre este livro, visite o nosso site www.sextante.com.br ou mande um e-mail para atendimento@esextante.com.br.

Editora Sextante
Rua Voluntários da Pátria, 45 / 1.404 – Botafogo
Rio de Janeiro – RJ – 22270-000 – Brasil
Telefone (21) 2286-9944 - Fax (21) 2286-9244
E-mail: atendimento@esextante.com.br